季刊『女も男も』臨時増刊

未来《あす》を拓く

均等待遇

労働教育センター

はじめに

女も男も「支え手」となる社会を創りたい

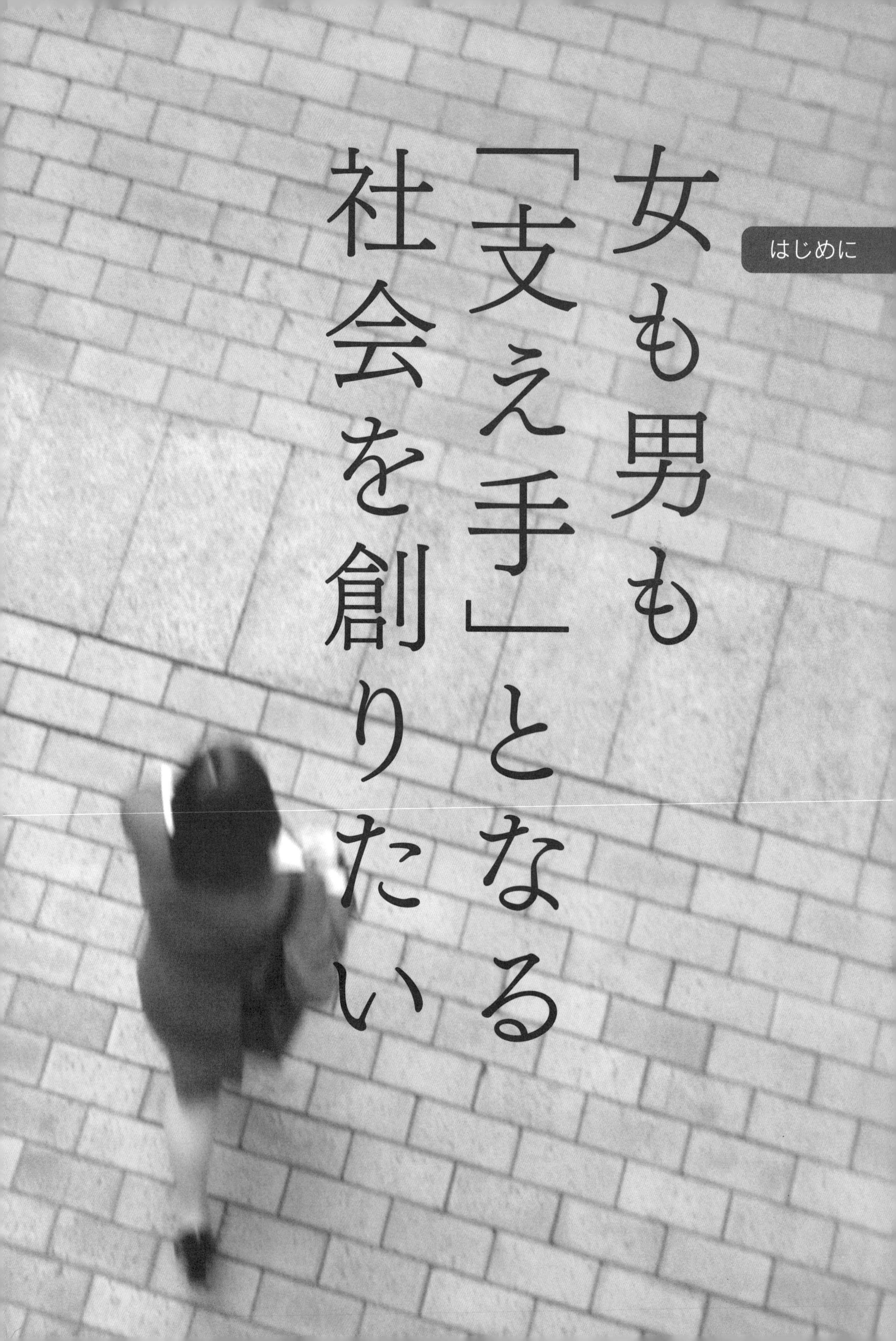

いまや、働く女性の数は全雇用者の40・8%を占め、2177万人にものぼっています。
男女雇用機会均等法が85年に制定され、99年に改正、その成果のようにも映りますが、
雇用形態を見ると、男性の正規雇用は85%（非正規雇用15%）に対し、
女性の正規雇用は50・9%（非正規雇用49・2%）に過ぎず減少の傾向さえ見えます。
女性の非正規雇用の多くは、年収103万円以下で、
年金や健康保険の適用除外、住民税納付の対象外となっています。
いくら働く女性の数が増えても、社会の「支え手」になれない労働と言えるでしょう。
正社員間の男女の賃金格差も大きく、女性は男性の66%でしかありません。
こうした格差は当然、年金支払額にも財源確保にも影響してきます。
出生率が減り続け、年金制度改革法案が国会で強行採決された直後の発表では、
合計特殊出生率1・29という低い数字が示され、大きな波紋を投げかけました。
社会の「支え手」の減少は、年金に限らず、医療も含めた深刻な問題になっています。
今後「支えられる」側に押しやられた女性たちを、
「支える」側に転換していくのは、まさに喫緊な課題と言えるでしょう。
そのためには、女性が当たり前に働いて生きることができ、
能力発揮を可能にするための労働政策への転換が求められています。
実行にあたってのキーワードとなるのは、
男女および雇用形態の相違を超えた「均等待遇」であり、
その核とされるのが「同一価値労働・同一賃金」です。
つまり、働く人々に就業継続を可能にする「仕事と生活の調和を支援し保障する」政策です。
連合も「間接差別禁止」を軸とする均等法の抜本的な改正要求の取組みを開始しています。
本号では、日本と諸外国の均等待遇の現状を知り、
いま私たちができる均等待遇実現への試みに学び、
パートの均等待遇確保の法律の制定、男女雇用機会均等法の抜本的改革といった、
労働政策の新たな方向性を探ります。

日本労働組合総連合会
副事務局長　林　誠子

季刊『女も男も』臨時増刊

未来《あす》を拓く 均等待遇

CONTENTS

●はじめに……日本労働組合総連合会 副事務局長 林 誠子 02

PART 1 均等待遇の今を知る

なぜいま均等待遇なのか？……弁護士 中島 通子 06

ACTIVE REPORT 社員編 女も男もいきいきと働ける 均等待遇をめざして……生活協同組合連合会 コープネット事業連合 人事教育部 採用教育担当 吉川 友理子さん 10

ACTIVE INTERVIEW パート編 社員と同時給だから モチベーションが高い……ステーキハウス あさくま 鶴見店マネージャー 沼田 今朝子さん 14

●平成16年度 厚生労働大臣賞 均等推進企業表彰 16

PART 2 均等待遇 世界と日本

●均等待遇 最前線レポート グローバルな視点から…

日本で均等待遇への道を開くには EU諸国のスタイルに学ぼう！……弁護士 中野 麻美 20

イギリスは均等待遇の先進国として 他国を大きくリードしている……中央大学法科大学院教授 山田 省三 32

「パート」も「正規」も 同一価値労働に同一賃金を！……昭和女子大学教授 森 ます美 36

ポジティブ・アクション 男女ともにパワーを発揮できる 21世紀の社会をデザインする……株式会社資生堂CSR部 次長 山極 清子 42

男女雇用機会均等法改正 平等の中身を問い直し 一切の片面性を解消していきたい……一橋大学専任講師 相澤 美智子 48

パート労働法改正に向けて 実効性のない法律はいらない 今後も均等待遇への闘いは続く……均等待遇アクション21 酒井 和子 54

PART 3 ワーク・ライフ・バランスの夢

●なっとくDATA

「ワーク・ライフ・バランス」の推進は 職場・社会の変革からはじめたい……日本労働組合総連合会 総合男女平等局長 吉宮 聰悟 60

●平成16年度 ファミリーフレンドリー企業表彰 受賞企業……66

●座談会

「ワーク・ライフ・バランス」の実現 それは働き方の変革から………68

●やさしい解説

「次世代育成支援対策推進法」を活用して 一人ひとりの“豊かな働き方”を支えよう……日本労働組合総連合会 総合男女平等局 稲葉 道子 78

●資料

連合男女雇用機会均等法改正要求 84

パート・有期契約労働法（連合要求法案） 88

「均等待遇」の判断基準と実践の方法 90

パート労働者の均等待遇・組織化をすすめるためのチェックシート 91

民主党「パート労働者の均等待遇確保法案」国会提出に関する談話 94

短時間労働者の雇用管理の改善等に関する法律の一部を改正する法律案要綱（民主党） 95

パートタイム労働法の指針について（民主党） 95

PART 1

均等待遇の今を知る

さまざまな職場レベルで、均等待遇の実現度を検証したい。

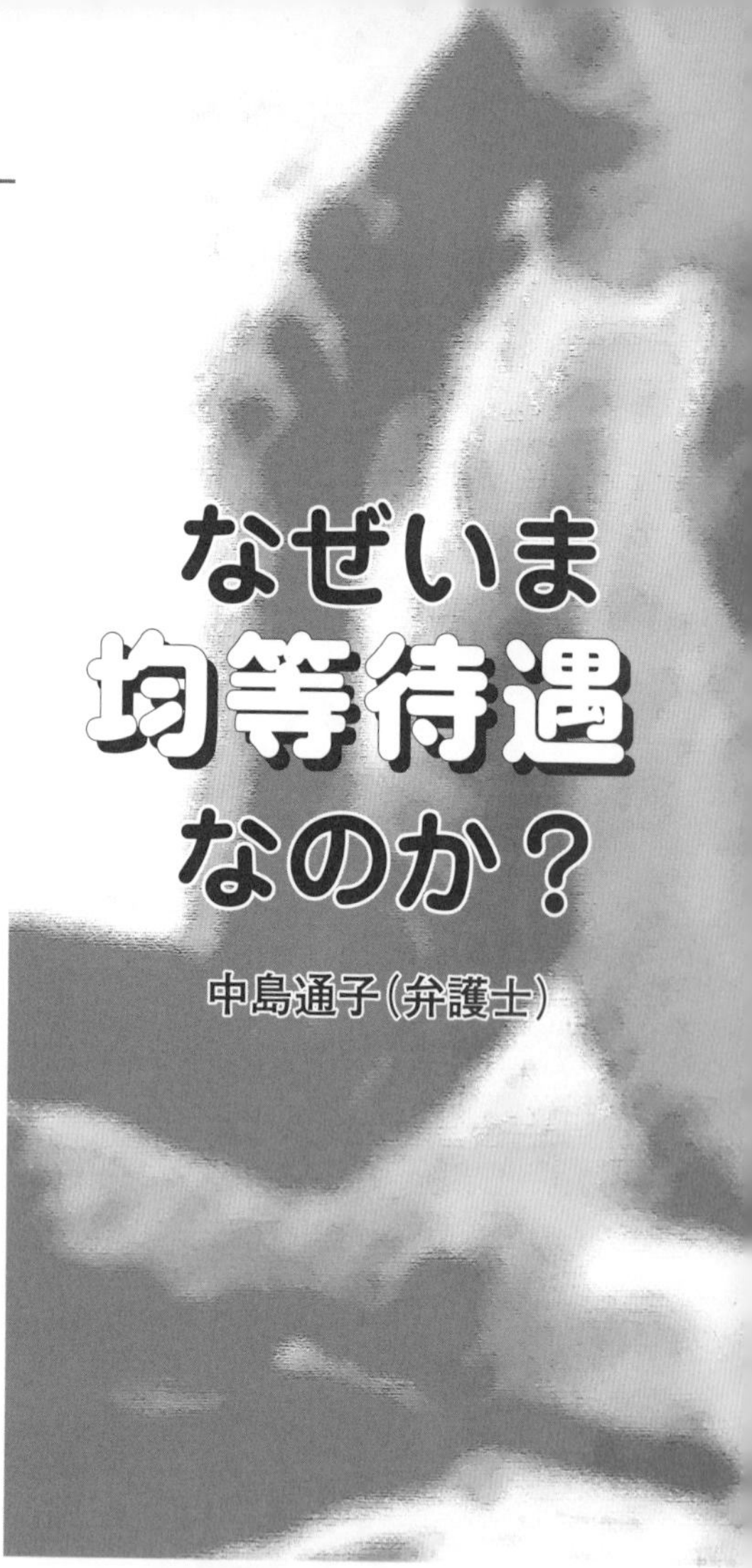

なぜいま均等待遇なのか？

中島通子（弁護士）

1 わが国の働く女性の現状

非正規雇用が増え続け、その格差は増大するばかり…。

働く女性は増え続け、雇用されて働く女性は２１７７万人、雇用者全体の40・８%（平成15年現在）になっています。ところが最も増えているのは、パートタイマー、契約社員、派遣スタッフ、アルバイトなどの非正規雇用。公務職場でも、臨時・非常勤職員などがずいぶん増えています。皆さんのまわりにも正社員・正職員でない人たちがたくさん働いているでしょう。これらの非正規雇用の女性の数は、政府統計でも、役員を除く女性雇用者２０７３万人の内正規雇用者は１０５２万人ですから、非正規は約半数、実際には半数を超えていることはほぼ確実です。

厚生労働省は、週の労働時間が35時間未満の労働者をパートタイム労働者として統計を取っていますが、その内女性は１９６０年57万人、女性雇用者の８・９%だったのが、２００３年には８６１万人になり、女性雇用者の40・７%を占めるに至っています。一方、賃金について見ると、パート女性の時給は、１９８０年正規雇用女性の1時間当たり所定内給与の76・２%だったものが、２００２年には64・９%に格差が拡大しているのです。パートの時給を男性の正規雇用の1時間当たり所定内給与と比べたら43・８%です。賞与などを入れると、その格差はさらに大きくなります。

パートと言っても、週35時間以上働いたり、正規の人と同じ時間働いている「フルタイムパート」という変な呼び方をされている人たちもいます。この場合「パート」というのは、「労働時間がフルタイムより短い人」という本来の意味ではなく、「身分が違う人」という意味で使われ、賃金その他の労働条件で大きな差別を受けています。まるで「現代版身分差別」です。逆に、もっと働きたいのに、会社は、社会保険に加入させないために1日4時間など短い時間しか働かせない場合もあり、母子家庭の母など、２つも３つもパートをかけもちして、昼も夜も働きづめに働いて最低生活をやっと維持している状態です。

契約社員や派遣スタッフという働き方の人も増えています。パートに比べると時給が少し高かったりしますが、正規雇用と比べると大きな格差がある上、育児休業の権利がなく、不安定な身分などたくさんの問題があります。

均等法・パート法・育児介護休業法は、格差の口実にされている。

雇用における女性差別をなくすためにということで、１９８６年に男女雇用機会均等法（均等法）が施行され、１９９９年には改正均等法が施行されました。また、子どもを育てながら働き続けることができるようにするためにということで、１９９２年育児休業法が施行され、その後介護休業も認める改正などが行われました。さらに１９９３年には、パートの処遇を改善するためにということで、「短時間労働者の雇用管理の改善に関する法律」（パート法）が施行されました。

ところが、これらの法律が施行される中で、パートや契約社員、派遣スタッフその他の非正規雇用が増え続け、格差は拡大し続けたのです。これらの法律は、非正規雇用の人たちにほとんど役に立たず、かえって格差の口実にさえされてしまったのです。

誰でも、自分の働き方を選ぶ自由が認められるべきですが、どんな働き方をしても、働きに見合った待遇が確保されなければなりません。同一の労働や同一価値の労働に対しては、同一賃金および同一の権利が保障されるべきです。

パートなど労働時間が短くても、時間当たりの賃金は同一であるべきだし、賃金以外の権利についても同一あるいは同等であるのが当然です。これが均等待遇の原則です。

「入口が違うのだから、雇用管理区分が違うのだから、待遇が違うのは仕方がない」という日本の「常識」はもう国際的に通用しません。均等待遇は世界の常識、国際基準になっています。

では、国際基準はどうなっているのか、見ていきましょう。

2 国際基準としての「均等待遇」

ILO フィラデルフィア宣言

ＩＬＯ（国際労働機関）は、１９１９年に国際連盟の姉妹機関として創設されたものですが、第二次大戦後は国際連合の専門機関となり、労働に関する国際基準を定める条約や勧告を採択し、各国の条約批准を促進し、適用を監視する機関です。

ＩＬＯは、１９４４年国際労働機関の目的に関する宣言（フィラデルフィア宣言）を採択しましたが、その中で、**①労働は商品ではない、②表現及び結社の自由は、不断の進歩のために欠くことができない、③一部の貧困は、全体の繁栄にとって危険である、④欠乏に対する戦いは、労働者および使用者の代表が、政府の代表者と同等の地位において遂行することを根本原則とする**、と宣言し、「すべての人間は、人種、信条又は性にかかわりなく、自由及び尊厳並びに経済的保障及び機会均等の条件において、物質的福祉及び精神的発展を追求する権利をもつ」ことを確認しました。

100号条約 同一価値労働に対する男女労働者の同一報酬に関する条約

男女平等に関するＩＬＯの最初の条約は、１９５１年に採択された１００号条約です。日本はこれを１９６７年に批准しました。

この条約は、同じ仕事をしている男性と女性に同一の報酬を支給しなければならないこと、さらに仕事が違ってもその価値が同じなら男女に同一の報酬を支給しなければならないこと（同一価値労働同一報酬原則）を定めた条約です。報酬とは、基本給だけでなく、現金または現物により直接または間接に支払うすべての追加的給与を言いますから、手当て、賞与や退職金はもちろん、社宅などの福利厚生などもすべて含まれます。

この条約は、すべての労働者を対象にしており、パートや有期雇用の人にも適用され、特に公務職場では率先して実施することが求められています。この点は90号勧告に明記され、臨時・非常勤職員の差別待遇を是正する義務が、国や地方自治体に課せられているのです。

もうひとつ大事なことは、この条約が違法としている男女の賃金差別は、直接の性差別だけでなく、間接の性差別をも含んでいることです。女だから賃金を低くするという賃金制度は直接差別ですが、性別以外の基準や慣行、たとえばパートだから賃金を低くするという制度は、パートの多くは女性なので、女性を低賃金に抑える結果になるので、間接差別に当たり、やはり１００号条約違反になるのです。この点に関し、ＩＬＯの条約勧告適用専門家委員会は、日本の非正規雇用労働者の賃金と正規雇用労働者の賃金格差について、間接差別による同一賃金原則違反の可能性があることを、再三にわたって指摘しています。

最後に、違う仕事について同一価値と評価するには、どんな方法があるかという問題があります。条約は、「職務の客観的な評価を促進する措置」を取るべきだと言っています。その具体的な職務評価制度については、各国でさまざまな取り組みが行われていますが、いずれも、ジェンダーに中立的な職務評価基準を確立しようとするものです。最も多く採用されているのは、各職務が必要とする「技能・努力・責任・作業条件」などの要素を客観的に評価して、異なる職務の価値を比較する方法です。

その際、これまで女性が担ってきたために低く評価されてきた、保育・介護など人のケアをする仕事や、細かい作業などを正当に評価することが不可欠です。ここで努力、責任と言うと、本人がどれだけ努力したかとか、責任感を持って仕事をしたかと考える人がいますが、それは違います。その職務そのものが客観的にどのような努力や責任を必要とするかを評価するのであり、その評価にあたって、これまでの「女がやっている仕事の価値は低い」という偏見を正していくことなのです。

156号条約 家族的責任を有する男女労働者の機会及び待遇の均等に関する条約

1981年、ILOは156号条約を採択し、日本はこれを1995年に批准しました。この条約は、家族的責任は男女の共同責任とした上で、家族的責任をもつ男女労働者が差別されずに、職業上の責任と家族的責任を調和させて働けるようにすることを国の政策の目的とすると定めた条約です。これを具体化するために同時に採択された165号勧告には、

①「パートタイム労働者及び臨時労働者の雇用条件（社会保障の適用を含む）は、フルタイム労働者及び常用労働者の雇用条件と同等であるべきである」

②「パートタイム労働者は、欠員がある場合又はパートタイム雇用への配置を決定した状況がなくなった場合には、フルタイム雇用に就き又は復帰する選択を与えられるべきである」

と定め、パート・臨時とフルタイム・常用の均等待遇およびパートとフルタイムの選択権を認めています。

175号条約 パートタイム労働に関する条約

世界的にもパートで働く人が増えていく中で、1994年パートとフルタイムの均等待遇を定めた175号条約が採択されました。この条約批准は切に望まれるものですが、日本の法制度は未だに条約批准の条件を満たしていないため、批准されていません。しかしこれが国際基準であることは明らかなので、速やかにパート法を改正し、条約を批准すべきです。

この条約の主な規定は次のとおりです。

①同一の権利保障＝(a)団結権、団体交渉権、(b)職業上の安全及び健康、(c)雇用及び職業の差別（禁止）

②賃金＝基本賃金を、単にパートタイムで働いているという理由からフルタイム労働者より低くしないこと。同時に採択された182号勧告では、基本賃金だけでなく、これに加算される金銭的報酬についても、フルタイム労働者と公平に受け取ることを確保すると規定

③社会保障＝フルタイム労働者と同等の条件を享受する

④母性保護、雇用の終了、年次有給休暇及び有給公休日、疾病休暇＝フルタイム労働者と同等の条件の保障

⑤フルタイム労働からパートタイム労働へ、又はその逆の転換が自発的になされる権利の保障

国連 女性差別撤廃条約

1979年に採択され、日本も1985年に批准した女性差別撤廃条約は、あらゆる形態の女性に対する差別の撤廃を締約国に義務づけたものですが、特に11条は、同一価値労働についての同一報酬原則をはじめとする雇用における女性差別を撤廃するためのすべての措置を取ることを規定しています。

この条約の定める差別には、間接差別も含まれるとして、2003年7月、女子差別撤廃委員会は、日本に対し、間接差別を国内法に明記するよう勧告しました。この勧告では、パートや派遣に占める女性の割合が高く、その賃金が一般労働者より低いことに懸念を有すると述べています。

EU パートタイム労働に関する指令

EU（欧州連合）は、性差別撤廃のための指令（EUの法律）をいくつも出していますが、ここでは1997年の「パートタイム労働に関する指令」を取り上げます。

その主な内容は次のとおりです。

①パートタイム労働者は、雇用条件に関しフルタイム労働者より不利に取扱われてはならない。適切な場合には時間比例原則が適用される

②パートタイム労働からフルタイム労働への移行、又はその逆への移行

この指令に基づき、EUの旧加盟国ではパート差別禁止と選択権を認める法律がつくられました。

オランダモデルで有名なオランダでは、これに先立ち、労働時間による差別を禁止する法律がつくられ、誰でも自分の生活に合わせて労働時間を選択する権利が認められました。

3 「均等待遇」実現のポイント

現行の3つの法制度を、抜本的に改正する。

非正規雇用の差別が最も深刻な日本では、前述の国際基準に沿った均等待遇を実現するための法制度が必要です。具体的には次の３つの法改正が求められます。

①パート法を改正し、パートと通常労働者の均等待遇を義務づけ、相互転換権を保障する。さらに期間の定めによる差別を禁止し、正当な理由のない期間の定めを禁止する立法も必要

②同一価値労働同一賃金原則を実施するための職務評価制度を整備する。その根拠を労働基準法４条に定める

③間接差別禁止を明文化する。現在検討されている均等法改正で、間接差別禁止を明記するとともに、間接差別を生むもとになっている均等法指針の「雇用管理区分」を廃止する

④公務職場でもこれらの原則を実施するための法改正

すべての労働者が連繋し、大きな運動にしていく。

これらの法改正を実現するために、さらにその法律を実際に有効に使うためにも、運動が必要です。それは女性だけでなく男性も、非正規労働者だけでなく正規労働者も、個人が自主的に集ってつくるグループだけでなく既存の労働組合も、みんなで連繋して、大きな運動にしていきたいと思います。

もし正規雇用の人たちが、自分とは関係がないと思っているとしたら、それは違います。あなた自身の雇用が足もとから崩され、明日はわが身なのですから。フィラデルフィア宣言にあるとおり、一部の貧困は、全体の繁栄にとって危険なのです。非正規雇用の人たちも、大変だけれどあきらめないで現実を変えていきましょう。そうしなければ、現実はもっと悪くなるのですから。

差別のサイクルを絶ち、ディーセントワークの保障を！

２００３年のＩＬＯ総会は、平等に関する基本条約（１００号・１１１号）についてのグローバルレポートを公表しました。

その中で、「差別と不平等の危険なサイクル」ということが指摘されています。浅倉むつ子さんによれば、これは、「差別があるとそこから社会的、経済的不平等が生み出される。その社会的、経済的不平等がまた人々の態度とか制度に影響を及ぼして、それがまた差別を生み出していく。その危険なサイクルを断ち切らなければならないということ」です。

ＩＬＯは、１９９９年の総会で、あらゆる場所の人々にディーセントワークを保障することを目標に掲げました。ディーセントワークとは、「権利が保護され、十分な収入を生み、適切な社会的保障が与えられた生産的で働きがいのある労働」のことです。

どこで、どんな働き方をしている人でも、自由と尊厳が保障されて働く権利（フィラデルフィア宣言）があります。それを確保するためには、差別のサイクルを絶ち、ディーセントワークを保障することが必要です。

そのために日本では、まず非正規雇用と正規雇用の均等待遇の実現をめざしたいと思います。

参考資料：『労働とジェンダーの法律学』（浅倉むつ子／有斐閣）
『ＥＵの男女均等政策』（柴山恵美子他／日本評論社）
均等待遇アクション２００３
（現均等待遇アクション21　TEL：03―5689―2320）の各種刊行物

女も男もいきいきと働ける均等待遇をめざして

生活協同組合連合会
コープネット事業連合　人事教育部　採用教育担当
吉川《よしかわ》　友理子《ゆりこ》さん

同事業連合は、仕事・昇進・待遇に性差はなく、女性も男性もいきいきと働ける職場づくりを推進している。さらに、女性比率の向上と女性幹部の育成を共に重視し、男女共同・平等参画の取り組みを進めるなど、均等待遇をめざす職場をご紹介しよう。

1999年3月　生活協同組合コープとうきょう入職、豊玉センターにて組織供給係（配達担当）。2002年5月、同センターにて拡大係（組合員拡大担当）、同11月、人事教育部へ異動、採用教育担当になる。2004年3月、生活協同組合連合会コープネット事業連合へ出向。人事教育部採用教育担当。現在に至る。

女性スタッフが多く、参画意識が高い。

生協の顧客は主婦層が中心で、いわば女性主導の世界だ。毎年開かれる総代会（組合員の代表により事業編成が行われる生協の最高議決機関）も、出席者のほとんどは女性で、組合員理事も女性たちである。店舗の店員・配達スタッフも、女性パートが８割弱を占めている。こうした中で、正規職員に「何で、女性が少ないのか？」「もっと女性が活躍できる場を！」という声が、組合員の女性たちか

コープネット事業連合

●設　　立	1992年7月
●会　　員	いばらきコープ、とちぎコープ、コープぐんま、ちばコープ、さいたまコープ、コープとうきょう
●出 資 金	43.3億円（2004年3月期見込み）
●会員総事業高	4305億円（2004年3月期見込み）
●代 表 者	理事長（神崎幸雄） 専務理事（矢野和博）
●職 員 数	829名（正規職員504名、パート職員 325名）（2004年3月現在）
●事 業 所	本部／埼玉県さいたま市 商品検査センター 共同購入セットセンター 宅配ギフトセンター 農産センター、日配センター
●子 会 社	(株)コープ旅行センター (株)コープサービス (株)コープネット保険センター
●加盟団体	日本生活協同組合連合会 埼玉県生活協同組合連合会
●事業内容	商品政策企画、商品事業、無店舗営業、店舗営業、店舗開発、システム事業、品質管理、サービス事業

らよくあがるらしい。

一般の企業はまだまだ男女格差が大きく、女性の仕事は事務職に限られたり、男性の補助的な仕事しか任されない場合が多い。同事業連合はどうなのか、吉川さんに聞いてみた。

「制度では男女平等を謳っていても、実際は異なる企業もあるようですが、生協は名実共に平等で、男女差による仕事・処遇の差別はまったくありません」と、きっぱり。

もちろん、男性職員たちも「女性は補助ではない」という意識が、全体にすっかり浸透しているらしい。

小型店の店長は、パート職員が就任

職員とパート職員の関係は「仕事の分担」の違いとしている。正規職員は幹部及びその候補として、運営全体に責任ある立場にあるが、小型店の店長などは、管理職のパートのみで支えられている。

「能力のある人は、パートだからという区別なく、責任ある立場で働いてもらっています」と吉川さん。

確かに、主婦パートの中には、扶養手当をもらって、夫の年金に加入するために、勤務時間をセーブする人もいるらしい。現行の税制度や年金制度が、逆に主婦が働くことを制限しているという皮肉な実態があるようだ。

環境の変化に対応し、職位や雇用形態を変更。

パート職員の勤務時間は、管理職は時間が長いが、夫に扶養されている人は1日3〜5時間、週4〜5日の勤務が中心だ。

来年度から「さいたまコープ」と「コープとうきょう」で、人事制度を統一する取り組みが進んでいる。

「職員の中には、家庭の事情で一時期だけ、働き方を変えたいという人がいます。いま、検討中の新人事制度には、正規・パート間の雇用を行き来できる制度が提起されています」。

人生の長いスパンの中では、出産・育児・介護など、さまざまな私的環境の変化が生じる。しかも、それらの波をすべて女性だけが被り、離職を余儀なくされるケースも多いという。

「これからはもっと女性が、より長く働き続けられる制度を充実させていきたい」と吉川さん。新しい制度づくりに期待したい。

女性採用への取り組みも前向きに

同事業連合の場合、正規職員は男性

コープネット事業連合

- ●有給休暇　初年度10日、上限20日（未取得分上限30日まで積み立てて、病気等の際に使用可）
- ●特別休暇　冠婚葬祭・出産立会時に取得可（有給）
- ●生理休暇　就労が著しく困難な場合に取得可。毎潮2日まで有給。
- ●つわり休暇　就労に耐えられない時及び通院のために最高12日間まで取得可（有給）
- ●出産休暇　産前産後の通算16週間取得可（無給、但し健康保険）
- ●育児休職　子が満3歳に達するまで男性・女性どちらも取得可（無給）
- ●介護休職　1事例につき最長1年間取得可（無給）
- ●育児時短　扶養する子のある場合、小学校入学年の4月まで取得可（時短分無給）
- ●介護時短　1日1回始業時または終業時に1時間、あるいはそれぞれ30分取得可（1事例につき6カ月、時短分無給）

職員状況（2004年3月20日現在）

項目	生協	正規職員			パート・アルバイト職員		
		男	女	計	男	女	計
人数（人）	さいたま	650	72	722	678	4700	5378
	とうきょう	1050	92	1142	1289	5326	6615
	コープネット	507	80	587	1	353	354
平均年齢（歳）	さいたま	38.4	37.6	38.3	27.7	44.7	42.5
	とうきょう	35.2	33.9	35.1	27.4	44.3	41.1
	コープネット	44.4	40.0	43.8	36.0	46.6	46.5
平均勤続（年）	さいたま	13.2	7.8	12.6	0.9	4.6	4.1
	とうきょう	11.3	8.9	11.1	2.0	5.1	4.5
	コープネット	18.8	15.3	17.6	0.9	6.1	6.1

が多く、男性9、女性1の割合である。これを変えるために、新規採用時は女性が40％以上になるようにしている。

さらに、昇格・昇進は、評価・考課制度に基づき、面接と試験によって公正に実施されているという。

「みなさんパワフルで、何年も働き続けていますし、いいお手本になります。私も見習いたいと思いますし、素敵だなと憧れています」と吉川さん。

「女性は昇進が遅い」という傾向があるが、そのあたりは、どうなのか。

「性差ではなく、仕事の能力評価が中心です。ただ、女性は産休で何年間か休暇を取るので、その分がブランクとなり、ずっと働き続けている男性と差がつくことはあるかもしれません」。

同事業連合でも常勤の役員や部次長への女性登用を、さらに強化していくとのこと。

男性も育児休職を取れる職場をめざす

せっかく制度があっても、利用されなければ意味がない。男性もパートナーとして、女性の活躍をどうサポートしていけるのか。女性も男性も、いきいきと働ける職場づくりをめざしているという。

男性も育児休職を取るべきだが、生

協でも普及はこれからのようだ。

「いま、さいたまコープで育児休職をしている男性が1人いますが、介護休職は女性ばかりです」と、吉川さん。

「RECRUIT GUIDE」より

育児も介護も女性だけに負担がかかる現状は、たとえ制度が整っていても、改善される日はまだ遠いようだ。制度をつくるだけでなく、職場全体で協力していくことが必要だろう。
「意見交換の場を設けて、同じ働く人間の共通の問題として考えてあげられる。そういう意識・気持ちがないと変わらない」と吉川さん。
男性が女性の問題を理解するには、家庭でも話し合いが必要だという。「生理休暇は、男性には一生かかってもわからないでしょう。自分の妻から大変さを聞いて、女性に対する理解を深めてほしいですね」。
さらに、トップダウンで、強力に「こうやるんだ！」と発信していかないと改善は難しいという。

勤務形態も多様化。女性が活躍できる職場に。

「結婚したら…」「子どもが生まれたら…」と、無言の圧力がかかり、辞めざるをえない女性たちも多い。生協ではどうなのか。

「いわゆる寿退社はありませんね。抜けられたら困りますし、逆に『寿退社』というと驚かれる雰囲気です」と吉川さん。

女性という枠組の中でも、それぞれ価値観が違う。「私は専業主婦で…」というのは、その方の考えとして尊重し、「無理やりに働きなさい」とは言わないという。

「ただ、働き続けたい人がいれば、どうすればそれができるのか、周りの人も一緒に考えていければいいと思います。勤務時間を短くするとか、在宅勤務など、いろいろな働き方がありますから」。

勤務形態も多様化している中、狭い枠の中で考えず、女性がいきいきと働き続けられる環境づくりが最重要課題だろう。

社員と同時給だから モチベーションが高い

ステーキハウス　あさくま　鶴見店マネージャー
沼田《ぬまた》　今朝子《けさこ》さん

パートだから「この仕事はここまで…」と、ボーダーラインを引いてしまえば そこで可能性は限られてしまう。しかし、社員もパートも同じ働く人間。持てる力を十分に発揮すれば、管理者となる道も開けてくる。

昭和23年、東京都生まれ。夫と社会人の長男・次男がいる。昭和59年、あさくま鶴見店オープン時にパートとして採用され、勤続20年になる。平成3年、タイムマネージャー制度が導入され、ランチタイムのマネージャーに就任。平成5年、パートのマネージャーの中から取締役に抜擢され、2年の任期を務めたこともある。

優秀な人材は随時店長に登用するのが当社の方針で、全37店舗のうち、女性が店長を務めているのは10店舗（社員4名、パート6名）です。私は20年前にパートとして働きはじめ、13年前からランチタイム・マネージャーになりました。さらに平成5年から2年間、パートの代表として取締役を務めた経験もあります。

当店の従業員は50名前後、全員パートです。現在の私の仕事は、通常の接客業務の他、パートの採用や時給の設定、シフト管理まで担当しています。特にいま力を入れているのが、従業員たちの教育です。土日には174席が満席になり、

まさに戦場と化します。繁忙時にミスやトラブルの発生を防ぎ、効率的に働いてもらうには、日頃からトレーニングは欠かせません。

　営業成績は、こうした地道な努力が実ったのか、毎年全店トップクラスです。「普通のことを、当たり前にきちんとしているだけ」ですが、「接客、お料理を妥協しない」という意識が、従業員の一人ひとりに行き渡っています。お客様からのお小言も、すべて報告が入るので、一つひとつ改善していくことが可能です。毎日の積み重ねが大切ですね。

　家事の空いている時間に、フルに働きたいというパートが多いのですが、お店の繁忙日とはズレてしまいます。私も子育て経験者ですから、事情はわかるので「子どもが小さいときは、優先的に土日を休みにし、3時頃には帰すように」と、心くばりをしています。女性が家庭と仕事を無理なく両立できる働きやすい職場をつくることが、ひいてはお店の収益アップにもつながります。

　こうした、きめこまかな配慮をする一方で、女性たちには「主婦だから…」という言い訳は許しません。賃金面でも時給単価にすると、社員もパートもほぼ同じで、特に格差はありませんから（ボーナス、扶養手当、住宅手当等はなし）…。当店は男女ともに、賃金・仕事内容は全く同じです。

　「いっそ社員になれば…」という話もありますが、自宅から職場まで車で10分と近く、社員のように異動も残業もないので、いまのパート待遇のままがいいんです。

株式会社　あさくま

- ●設　立／1948年
- ●資本金／12億4660万円
- ●事業内容／ステーキレストランの経営等
- ●従業員数／社員41名、パート約1000名
- ●本社所在地（本部）／愛知県名古屋市天白区植田西2丁目1410

　明治末期から続く日本料理店の４代目である近藤誠司氏によって創業。その後、20年足らずで、日本一のステーキハウス・チェーンへと急成長した。

　近藤氏の経営手腕は、経済界からも注目され、パートを有効活用した人事にも、その一端がうかがえる。

　一度は第一線を退いた近藤氏だが、2004年４月からは社長復帰。「新しいあさくま」の再構築に向け、陣頭指揮をとっている。

　現在、名古屋を中心に、千葉、京都、鹿児島など、全国37店舗を展開中！

最優良賞

株式会社 資生堂

所在地　東京都中央区
業　種　化学工業
従業員数　約3,700名

取組体制

●平成11年12月に社の方針として「ジェンダーフリー」を掲げ、これに基づき、平成12年1月に「ジェンダーフリー推進プロジェクトチーム」を本社人事部に設置し、女性社員の活用促進のための行動項目を定めている。また、平成13年10月には資生堂グループ内の意思決定機関として副社長を委員長とした「ジェンダーフリー委員会」を設置して、企業風土づくりのための具体的な解決策を検討・実践している。

主な取組内容

●営業職の採用者数における女性比率を上げることを目標に、会社のホームページ上の採用サイトで営業職の女性を紹介したり、「働く女性を支援する制度」や「女性社員の活躍」について説明している。
●管理職の女性を増やすとともに、支社長、営業本部長（地域ごとにデパートなどの組織小売業における販売コーナーを統括）の女性数を増やすことを目標に、「女性のためのステップアップフォーラム」（係長相当職昇格前の女性を対象）を開催することで、女性社員のキャリア形成への意識啓発を積極的に行っている。さらに、「女性管理職候補者育成プログラム」を策定し、各種研修によりマネジメント知識の提供や管理職への意識付けを行っている。
●管理職に女性社員の育成の必要性を認識させるために、業績申告書に女性社員の育成計画の具体的目標を設定させている。
●ジェンダーフリーの啓発資料として「ジェンダーフリーブック」を作成し、全社員に配付。また、イントラネット上でも情報を提供している。

成　果

●これらの取組の結果、営業職の女性採用比率は、平成14年度の29.4%から平成16年度は43.6%に上昇。また、係長および部長クラスの女性比率もそれぞれ上昇し、15.6%、6.2%となっている。平成16年4月現在、支社長、営業本部長に女性5名が登用されている。
●平成12年度均等推進企業表彰労働大臣努力賞受賞時と比較して、成果が上回っている。

表彰の種類〈厚生労働大臣賞〉

○厚生労働大臣最優良賞
女性の能力発揮を促進するために、他の模範ともいうべき取組を推進し、その成果が顕著である企業〈過去に厚生労働大臣優良賞（平成14年度までは努力賞）を受賞した企業が対象〉

○厚生労働大臣優良賞
女性の能力発揮を促進するために、他の模範ともいうべき取組を推進し、その成果が認められる企業

平成16年度

厚生労働大臣賞

均等推進企業表彰

厚生労働省発表

均等推進企業表彰について

◇厚生労働省では、女性労働者の能力発揮を促進するための積極的取組（ポジティブ・アクション）を推進している企業に対し、その取組をたたえるとともに、これを広く国民に周知し、女性労働者の能力発揮の促進を図るために、平成11年度から「均等推進企業表彰」を実施しています。
※毎年6月の「男女雇用機会均等月間」中に表彰を実施しています。

◇表彰の対象は、女性労働者の能力発揮を促進するための積極的取組（ポジティブ・アクション）として、「採用拡大」、「職域拡大」、「管理職登用」、「職場環境・職場風土の改善」のうち、いずれかの取組を実施している企業です。

優良賞

株式会社 千葉興業銀行

所在地　千葉県千葉市
業　種　銀行業
従業員数　約1,400名

取組体制

●厳しい経営環境を背景に、人材の有効活用を図る必要性が生じる中、人事担当役員である副頭取が女性の能力発揮の重要性を認識し、人事担当部署が中心となって取組を推進している。平成12年度より「経営健全化計画」において「若手・女性の登用を含む成果主義人事の徹底」を取組の1つに掲げて、頭取を委員長とした推進委員会で定期的に取組の推進状況のフォローアップを行っている。

主な取組内容

●四大卒採用者における女性比率をあげるために、企業説明会や会社案内、先輩行員との懇談会で女性の活躍を紹介するとともに、内定後に月1回の連絡会を実施し職種についての面接を行い、内定した女性の希望と業務内容のマッチングを図っている。

●女性が少ない本部部門と営業店融資業務に女性の配置を増やすために、積極的に本部へ女性を異動させるとともに、平成14年度から融資・渉外業務の専門研修コースを新設した。

●毎年10名程度の役職発令を目標に掲げ、人事担当部署が半期に一度、全支店を訪問して管理職、管理職候補の女性と面接を行い、各女性行員とキャリア形成について情報交換を行っている。また、課長代理への昇進の1条件となる登用試験を受験する女性を本部が指名したり、本部に長期間勤務した女性にマネジメント関係等の研修を行って支店長候補として育成している。

成　果

●これらの取組の結果、取組以前には30%以下だった四大卒採用者における女性比率が、平成12年度以降は概ね50%以上になった。また、本部女性行員も平成14年の40名から平成16年は64名に、営業店融資業務に従事する女性も平成12年の58名から平成16年は78名に増加した。管理職（課長代理、課長、部長の合計）に占める女性比率は平成12年の4.4%から平成16年は8.5%に増加し、平成14年5月には初の女性副支店長が誕生している。

最優良賞

松下電器産業株式会社

所在地　大阪府門真市
業　種　電気機械器具製造業
従業員数　約68,200名

取組体制

●性別・年齢・国籍に関わらず、社員が互いにイコールパートナーとして価値観を尊重し、創造性を発揮できる風土の醸成を目的として、平成11年より取組を開始し、平成13年からは中期経営計画「創生21計画」の企業風土改革の柱と位置づけている。

●平成13年より社長直轄の専任組織「女性かがやき本部」（平成16年4月1日付で「女性躍進本部」に名称変更）を設置し、「多様性を認める風土の醸成」「女性の経営参画の加速」「新規事業・ヒット商品の創出」に取り組み、7月を「かがやき月間」と定めてフォーラムを実施する等の風土改革を推進している。

主な取組内容

●女性リーダーを増やす（目標200名）ために、各事業部で積極的な任命計画を策定して、登用を行っている。

●女性の役付者（係長相当職以上）、管理職（課長相当職以上）を増やすために、特に役付者について平成15年までに1,500名とすることを目標に各事業場毎に女性社員登用推進計画書を作成して育成を行っている。また、ロールモデルとなる部課長級の女性をアドバイザーとして任命し、女性社員から寄せられる相談にメールで助言を行うほか、女性幹部候補層を対象に「エグゼクティブ・メンター制度」を設置し、役員による1対1のメンタリング活動や社内外の講師による勉強会を実施している。

●経営トップと社員がセミナー等で直にコミュニケーションする「わくわくワーク」では社内外の活躍する女性の姿を示すとともに、対話の機会を設けている。また、管理職向けの啓発資料として、冊子「管理職の皆様へ　女性部下育成ガイド」を作成して、啓発を行っている。

成　果

●これらの取組の結果、女性リーダーは平成12年4月の17名から平成16年4月は225名に増加。また、役付者も平成11年4月の636名から平成16年4月は1,404名、管理職も平成11年4月の87名から平成16年4月は353名とそれぞれ増加している。

●平成13年度均等推進企業表彰厚生労働大臣努力賞受賞時と比較して、成果が上回っている。

優良賞

株式会社イズミ

所在地　広島県広島市
業　種　各種商品小売業
従業員数　約2,000名

取組体制

●顧客のニーズに的確に対応した店作りを目指して、平成11年度より経営トップがホームページ上で、実力主義で積極的に女性の登用を行っている旨を表明し、人事部が中心となって推進している。

主な取組内容

●正社員女性比率を拡大して平成19年度を目標に男女比を1:1にすることを目標に、会社説明会やホームページで積極的に女性の活躍事例を紹介して、男女均等な待遇（実力主義）であることを明確にしている。
●バイヤーの女性比率を30%にすることを目指して、バイヤーライセンス制度を設けて登用基準を明確化した。また、店舗へ配送する商品を小口化するなどの工夫を行って、店長の要件としてその経験が必要な食品部門への女性の配置を図った。
●管理職（店次長以上）の女性比率を平成17年度末までに10%にするとともに、主任女性比率を50%にするという具体的な数値目標を設定し、主任3年目以上勤務の女性を対象に、自薦・推薦による女性管理職候補研修を実施している。また、エリア社員も管理職への昇格を可能とする人事制度を導入するとともに、短時間雇用者についても、平成12年度より主任への登用を開始した。

成　果

●これらの取組の結果、平成12年度以降、四大卒採用者における女性比率は50%以上を達成している。また、女性バイヤーは平成10年度の14名から平成15年度には21名に増加するとともに、新入社員女性の食品部門への配属比率も、平成12年度の9%から、平成15年度は53%まで伸長した。一方、女性主任についても平成11年度の26.4%から平成15年度は38%まで伸長し（短時間雇用者を含めると47%）、女性店次長（係長）も平成11年度の8名から平成15年度は15名まで増加した。

優良賞

エヌ・ティ・ティ・コミュニケーションズ株式会社

所在地　東京都千代田区
業　種　通信業
従業員数　約7,700名

取組体制

●女性社員の配置が比較的少なかったNTT内の組織を中核として会社が設立された経緯があるため、社員総数における女性比率および管理職者数における女性比率も高くない状況の中、平成14年3月に「NTT Comにおける女性の育成・登用計画」を策定して、女性活躍の促進に取り組み始めた。

主な取組内容

●四大卒以上の採用者数における女性比率の拡大を目的として、会社説明会に派遣する社員に必ず女性を含めることとしている他、ホームページの採用サイトで女性社員の活躍を紹介している。
●社内および海外の希望ポストへの職域拡大のために、上司の了承を得ずに独自の判断で応募が可能な社内公募制（ジョブ・ポスティング）を導入している。
●課長以上の管理職女性数を増やすために、出産・育児等を含めて過去に何らかの理由で昇格が遅れたことがあっても、直近の人事評価が高く、所属組織から推薦された者を審査の上で昇格させるリカバリー人事制度を導入・活用している。また、キャリアアップのための自己啓発等、仕事に関連した相談を社員から受ける「社員相談窓口」を設けている。
●ワーク・ライフ・バランスの向上を目的として、平成14年11月からeワーク（在宅勤務制度）を試行している。

成　果

●これらの取組の結果、四大卒以上の採用者における女性比率が、平成14年4月の24.2%から平成15年4月は29.3%、平成16年4月は31.4%と順調に上昇している。また、ジョブ・ポスティング制度は延べ8回実施され、女性33名が異動しているほか、海外留学、トレーニー（海外OJT）派遣者には女性18名が選ばれており、公募制導入前と比較して増加している。また、平成14年から16年の間に延べ部長2名、課長9名を登用した。

PART 2

均等待遇 世界と日本

まだまだ未開ともいえる現状と、その実現に向けたステップとは？

グローバルな視点から…
均等待遇
最前線
REPORT

日本で均等待遇への道を開くには EU諸国のスタイルに学ぼう！

世界女性会議も5回目を迎え、各国で女性差別撤廃の動きが活発化しています。
その先陣を切っているのが、EUをはじめとする欧州諸国で、
均等待遇への取り組みや成果については、目覚ましいものがあります。
そこで、諸外国での画期的な取り組みや活動状況を展望し、
私たちの指針とするのも意義深いことではないでしょうか。
さらに、日本で働く私たちの現状を分析し、法制度のあり方を問い直すことで、
今後の進むべき方向性を模索していきましょう。

中野 麻美
なかの まみ　弁護士

1 北京会議から、新たなステージへ。EUは「ジェンダー主流化」スタート！

95年の北京女性会議以降、国際社会は、あらゆる分野における社会的制度的構造を男女平等に変革するという新しいステージに入った。北京行動綱領では、女性の人権を重大関心領域の一つと定めたが、グローバル化による貧富格差の拡大を前に、国際社会の人権と男女平等への関心はますます高まっている。

こうした動きを受けて、あらゆる領域・レベルの活動において男女への係わり合いを評価する「ジェンダーの主流化」政策が本格化してきた。それは、既存の社会生活や制度の上に女性の権利を付け加えて保障する、といったものではなく、その構造と枠組みをあらゆる面で男女に平等に変革するというもので、男性中心に組み立てられてきた社会や生活のあり方を、より人間的な視点から構造的に変えることを求めている。

男女平等に仕事と家庭の調和を可能とする労働と生活のスタイルを確立することや、そのために男性の育児・介護などの家族的責任の負担を奨励することなど、家族的責任を担ってきた女性の経験・

世界女性会議って何？

国連主催の「世界女性会議」は、すべての女性の「平等・開発・平和」を目標に掲げています。具体的には、女性に対する差別の撤廃、女性の地位向上に取り組んできました。

北京世界女性会議は第４回目にあたり、政府間会議には190ヵ国、NGOフォーラムには3万人を超える参加者があり、史上最大規模といわれています。

政府間会議では、ナイロビ将来戦略の評価と見直しが行われ、女性のエンパワーメントの予定表(アジェンダ)となる「行動綱領」と「北京宣言」が全会一致で採択されました。

2000年には、国連特別総会「女性2000年会議」がＮＹで開催され、北京世界女性会議の実施状況の検討と、今後の実行に向けた戦略会議が行われ、政事宣言と成果文書が採択されています。

■開催実績

1975年	メキシコ会議	メキシコ
1980年	コペンハーゲン会議	デンマーク
1985年	ナイロビ会議	ケニア
1995年	北京会議	中華人民共和国
2000年	ニューヨーク会議	アメリカ合衆国

知識・関心を社会システムのあらゆる分野に組み入れて、性役割にとらわれた男性モデルを構造的に変革することがめざされる。

その中では、男性を差別と暴力の実行者とする見方から、ジェンダー平等に向けてのパートナーとしてその役割を積極的に評価するという新しい視点と流れも形成されてきた。固定的な性役割に基づく女性に対する差別が存在する社会においては、その表裏の関係として男性に対する差別や暴力をも生み出している。そうした差別や暴力による人権侵害に共に向き合うパートナーとして、男女の関係性を積極的に位置づけようというものである。

こうしたあらゆる分野におけるジェンダーの主流化には、

①客観的な男女のデータによるジェンダー分析と、ジェンダー問題を理解する訓練
②ジェンダー平等推進のための特別な行動
③計画・予算へのジェンダー視点の取り込み
④点検、モニタリング
⑤責任者の関与と男女のバランスのとれた参加

が不可欠であるとされている。その出発点となるジェンダー分析には男女別統計データの整備が前提となるが、ILOは、統計によってカバーされるべきトピックとして、

①仕事と家庭生活のバランス（労働者の労働市場への参加と個人的・家族の特徴を示す統計の必要性）
②労働者の生産的活動への参加
③労働市場における男女の分離
④所得の不平等

を掲げている（2003年第17回国際労働統計会議）。

このように、95年の北京会議を受けて、世界各国でジェンダー主流化への取り組みが始まった。日本でも、男女共同参画社会基本法が制定されて、男女平等への総合的な推進体制を整備したが、ジェンダー主流化と言うにはあまりにも課題は多い。日本も諸外国においても、課題が山積していることに変わりはないが、取り組みの姿勢とその成果にはあまりに大きな違いがある。

北京会議後、EUでは、96年にすばやくジェンダーの主流化コミュニケーションを採択し、すべての分野・活動へのジェンダー視点の組み入れを図ることが戦略化された。機会均等が必然的に結果の平等に結びつかないとすれば社会的背景までも含めて是正する必要があるという認識のもとに調査研究及び法制度の作成が行なわれてきた。後述するような、間接性差別の禁止や雇用形態を超えた均等待遇政策、性差別に関する立証責任の転換など、加盟各国の法制度が整備されてきたのも、こうした政策の策定・推進に向かう姿勢があればこそであった。そして、EU基本権憲章を採択して男女平等政策をあらゆる分野に貫く基本的な枠組みを示した2000年には、第5次アクションプログラム「機会均等に関する共同体枠組み戦略」を採択している。ここでは、

①経済生活における平等
②意思決定における男女のバランスの取れた参加
③社会的権利に対する平等アクセス
④市民生活における機会均等
⑤性別役割に関する固定概念の打破

が掲げられている。

2001年は、優先課題として男女賃金格差が取り上げられ、統計の性別化もめざましく進展した。2002年には、ジェンダー政策の主流化を図る上で政策の調整を図るとともに、「過少代表的(under-represented)な性」（不十分かつ不適当な代表権しか与えられていない性）の立場を改善するための特別な行動を取ることが目標とされ、年間テーマとしては「仕事と家庭生活の両立」が取り上げられている。その後、2003年には、意思決定における男女のバランスの取れた参画、2004年には固定概念の打破が取り上げられている。

2 グローバル化が雇用に落とす影…。欧州における雇用再生の取り組みとは?

昨年ILO総会で審議された事務局レポート「平等の時」は、世界全体に、女性の労働市場への参加が進展して水平的な職業分離は改善したものの、失業では男性より女性に高率で、垂直的職業分離はむしろ拡大傾向にあり、非正規雇用に女性の就業が増えていること、また、賃金格差も改善傾向にはあるが依然として大きく、その主要な原因は、男女の職業分離・賃金構

造・職業分類システムに偏見があることや分権化した団体交渉にあることを指摘している。このように直面する厳しい状況は、洋の東西を問わない。

グローバル化は人々に過酷な競争と失業、貧富の格差をもたらした。国境を越えて世界的規模で経済活動が営まれるようになると、企業の生き残りをかけた競争が世界規模に拡大して、モノも人も安売り競争のなかに投げ込まれるようになった。失業とどう闘うか、グローバル時代の雇用戦略のあり方が国際社会の関心事となった。ジェンダーの主流化が、こうした中にどう位置づけられるかが問題となる。

アメリカ型経済の優位性もあって、市場原理主義に基づく競争政策＝規制緩和をグローバル・スタンダードとする流れが、ここ数年で特に強くなってきた。しかし、自由市場経済の「繁栄」がもたらしたとされる雇用の改善は、失業率の低下というデータ面では肯定できるものの、拡大した雇用の質をとらえたときにはきわめて問題である。正規雇用の削減と低賃金のパート・臨時・派遣の拡大がもたらす貧困と格差拡大が人間と産業社会に与える深刻な打撃（それは国家財政や社会保障の基盤をも突き崩す）が指摘され、このようなやり方とは異なる改革の道が模索されるようになった。

ILO「欧州の雇用再生～オーストリア、デンマーク、アイルランド、オランダの労働市場の成功」は、効率と公正のバランスを維持した欧州流の福祉国家の発展が雇用の成功をもたらした４ヵ国の成功要因を分析している。成功のキーワードは、柔軟化（フレキシビリティー）と保障（セキュリティー）を結合したアダプタビリティー＝「フレクシキュリティー」である。たとえば、パートタイム労働や派遣労働は、労働市場の多様化を促進して労働力需給調整に寄与するが、その反面で問題となる雇用の不安定さを解決して安定さを保障する枠組みをつくるというもので、その基本的な柱に均等待遇政策が据えられる。そして、かつての、高齢者の早期退職にかえて若者の雇用を確保するといった失業対策から、ソーシャル・インクルージョン、つまり、女性や高齢者、障害のある人たちが労働に参加して仕事を分かち合う方向に転換が図られてきた。そのためには差別の排除と均等待遇が不可欠というわけで、家族的責任等に配慮して労働市場を開放することを通じて、女性のみならず男性を含めて機会の平等を促進し、育児施設の充実や柔軟な労働時間の編成が検討されている。

日本の規制緩和論者が、失業対策のためにはコスト面で重荷になっている中高年労働者の解雇を容易にして、その代わりにフリーターや派遣労働者に象徴される不安定雇用を拡大すべきだとする乱暴なやり方とは、まったく正反対である。どちらが持続的な発展を展望できる政策であるかは一目瞭然であろう。

ILOって何？

国際労働機関(ILO)は、1919年に創設され、「労働条件の改善を通じて、社会正義の確立と恒久平和の実現」を目的としてきました。国際連合の専門機関のひとつとして、世界175ヵ国(2001年1月1日現在)が加盟しています。

（財）日本ILO協会は、ILO東京支局と道府県ILO協会の協力のもと、日本における唯一のILO協力民間団体です。日本は、創設当初から趣旨に賛同し、積極的に参加しており、常任理事国として国際的に重要な地位を占めています。

今日、日本も有数の産業国として「公(政府・公益側)・労(労働団体)・使(使用者団体)」をはじめ、国民各階層にわたるILOに対する積極的な取り組みを、各国から求められている状況です。

当協会では、ILO精神の普及と、健全な労使関係発展など各種事業を展開。さらに、国際協力事業として、技術協力(海外からの技能研修生の受け入れ)、発展途上国などの労働問題に対する協力も行っています。

また、最近のグローバル化に伴い「国際労働法フォーラム」を設置・運営。国際労働基準及び、その背景にある諸外国の労働法制の調査・研究、紹介活動を実施しています。

資料：日本ILO協会

3　立ち遅れた日本の男女平等政策。賃金と雇用形態の格差は縮まらず。

前述のＩＬＯレポート「平等の時」は、日本を伝統的な家庭中心モデルと位置づけている。「男は仕事、女は家庭」という性役割に基づく固定的なシステムが未だに強固に支配している上に、ここ数年は、排除と低賃金化をもたらす競争政策一辺倒で、男女別統計ひとつ取ってみても整備どころか逆に後退する傾向にある。国連開発計画が発表した、女性が経済や政治に参加して社会の意思決定に参加できるかどうかを、女性の所得の割合や専門職・技術職・管理職、国会議員に占める女性の割合から測定した国別指数＝ジェンダー・エンパワーメント指数は、２００３年で70ヵ国中44位（前年の32位から後退）と惨憺たる状況にあって、昨年の国連女性差別撤廃委員会の審議において、委員からは女性差別撤廃条約のめざす事実上の平等については少しも進んでいないことが指摘された。

大きく立ち遅れた日本の男女平等政策の到達点は、経済分野における女性の地位、つまり男女間賃金格差に凝縮して表現されている。男性１００として女性は65ポイント強、それも、ＩＬＯからは、女性の中に広がっているパートタイム労働者や有期雇用労働者を含めれば格差はもっと大きいと指摘されている。実際、男性を１００とすると、女性は50ポイントにとどまる。国際社会、とくにＥＵ諸国においては、多用な雇用形態で働く女性の低賃金を男女同一賃金の観点から是正する課題を探ろうとしているのに対し、日本の男女平等政策は、非正規雇用であることによる低賃金問題を女性に対する差別としてとらえる視点が一貫して欠落してきた。それどころか、均等法は、「雇用管理区分」なる概念を指針の中に盛り込んで、正規雇用の中にも超えられない壁を設けてしまった。

男性コースと女性コースに分かれていても、それで採用されてしまえば同じ正社員でも男女間の格差は均等法違反にはならない。野村證券事件や兼松事件では、裁判所は、均等法制定前から男性契約と女性契約で社員を処遇してきたなどという企業を擁護して、ありもしない「雇用管理区分」を根拠に「憲法に反する差別はあっても違法ではない」などというとんでもない判決を下した。

また、日本では、同じ多様な雇用形態で働く男女間の格差はあまり注目されていない。２００２年の厚生労働省が行なった派遣労働者に対する調査によると、派遣で働く男女の年収比は、男性１００に対して女性は53ポイント強と正規雇用で働く男女より大きい。そして、賃金の支払い形態（時給制か月給制か）も、雇用形態による差（登録型か常用型か）より男女の差によると見る方がうなずける。女性の中に広がった多様な雇用形態にも、厳しい経済状況を反映して男性が参入するようになっているが、それは決して男女間の格差の解消をもたらすものではない。

男女労働者の低賃金化が進む中で、男女間の格差はどのレベルで見ても確実に拡大している。非正規雇用による正規雇用の代替も顕著で、その結果として以下のように所得と仕事の大規模な二極分化が進んだ。

日本の労働組合は、職場における差別や非正規雇用の危険性にはあまり目を向けてこなかった。女性や非正規雇用の家計補助的低賃金労働としての性格をそのまま温存し、「仕事と家庭との調和を求める企業との結びつきの弱い労働」であり「１０３万円の課税最低限の範囲で調整して働く労働」だから、低賃金で不安定な雇用でも仕方がないとして、その改善にはあまり熱心ではなかった。そして、非正規雇用の低賃

野村證券男女差別事件

12名の女性が賃金昇格差別として「男女コース別人事は均等法違反であり、人格権を侵害した」と、慰謝料の支払いを求めた。しかし「地位確認は、違法とは言えない」と、請求を棄却された。

【裁判所】東京地裁
【年月日】2002年2月20日判決
【出　典】労働判例822号13頁

兼松男女差別事件

ベテラン女性社員ら6名が「コース別人事によって男女差別を受けた」と、差額賃金など3億1千万円の支払いを求めた判例。しかし「コース別人事は、公序に反するとまでは言えない」と、請求を棄却された。

【裁判所】東京地裁
【年月日】2003年11月5日判決
【出　典】労働判例847号19頁

HDI
Human Development Index

人間開発指数

基本的な人間の能力が、平均どこまで伸びたかを測定。その基礎となる「長寿を全うできる健康な生活」「知識」「人並みの生活水準」の達成度の複合指数である。

具体的には、平均寿命、教育水準（成人識字率と就学率）、国民所得をもとに算出している。

なお、HDIは、国民全体の平均的な状況を表すもので、社会の様々なグループ間の配分の不平等については考慮されていない。

GDI
Gender -Related Development Index

ジェンダー開発指数

HDIと同じく、基本的能力の達成度を測定。その際、女性と男性の間で見られる、達成度の不平等に着目したもの。

HDIと同様に平均寿命、教育水準、国民所得を用いている。さらに、これらにおける男女格差をペナルティーとして差し引いて算出することから、「ジェンダーの不平等を調節したHDI」と位置づけることができる。

＊ジェンダーとは、生物学的な性別ではなく、社会的・文化的に形成された性別を指す。

GEM
Gender Empowerment Measure

ジェンダー・エンパワーメント測定

女性が積極的に経済界や政治生活に参加し、意思決定に参加できるかどうかを測定。

HDI、GDIが能力拡大に焦点を当てているのに対し、GEMはそのような能力を活用し、人生のあらゆる機会を活用できるかに焦点を当てている。

具体的には、女性の稼動所得割合、専門職・技術職・管理職に占める女性の割合、国会議員に占める女性の割合を用いて算出している。

＊エンパワーメントとは、「力をつけること」の意。自ら意識と能力を高め、政治的、経済的、社会的及び文化的にも力を持った存在となること。

HDI(人間開発指数)・GDI(ジェンダー開発指数)・GEM(ジェンダー・エンパワーメント指数)の国際比較

5-4-9,10,11　HDI、GDI、GEMの上位50カ国

HDI(人間開発指数)			GDI(ジェンダー開発指数)			GEM(ジェンダー・エンパワーメント指数)		
順位	国名	HDI値	順位	国名	GDI値	順位	国名	GEM値
1	ノルウェー	0.956	1	ノルウェー	0.955	1	ノルウェー	0.908
2	スウェーデン	0.946	2	スウェーデン	0.946	2	スウェーデン	0.854
3	オーストラリア	0.946	3	オーストラリア	0.945	3	デンマーク	0.847
4	カナダ	0.943	4	カナダ	0.941	4	フィンランド	0.820
5	オランダ	0.942	5	オランダ	0.938	5	オランダ	0.817
6	ベルギー	0.942	6	アイスランド	0.938	6	アイスランド	0.816
7	アイスランド	0.941	7	ベルギー	0.938	7	ベルギー	0.808
8	米国	0.939	8	米国	0.936	8	オーストラリア	0.806
9	日本	0.938	9	英国	0.934	9	ドイツ	0.804
10	アイルランド	0.936	10	フィンランド	0.933	10	カナダ	0.787
11	スイス	0.936	11	スイス	0.932	11	ニュージーランド	0.772
12	英国	0.936	12	日本	0.932	12	スイス	0.771
13	フィンランド	0.935	13	デンマーク	0.931	13	オーストリア	0.770
14	オーストリア	0.934	14	アイルランド	0.929	14	米国	0.769
15	ルクセンブルグ	0.933	15	フランス	0.929	15	スペイン	0.716
16	フランス	0.932	16	ルクセンブルグ	0.926	16	アイルランド	0.710
17	デンマーク	0.932	17	オーストリア	0.924	17	バハマ	0.699
18	ニュージーランド	0.926	18	ニュージーランド	0.924	18	英国	0.698
19	ドイツ	0.925	19	ドイツ	0.921	19	コスタリカ	0.664
20	スペイン	0.922	20	スペイン	0.916	20	シンガポール	0.648
21	イタリア	0.920	21	イタリア	0.914	21	アルゼンチン	0.645
22	イスラエル	0.908	22	イスラエル	0.906	22	トリニダード・トバゴ	0.644
23	香港(中国)	0.903	23	香港(中国)	0.898	23	ポルトガル	0.644
24	ギリシャ	0.902	24	ポルトガル	0.894	24	バルバドス	0.634
25	シンガポール	0.902	25	ギリシャ	0.894	25	イスラエル	0.614
26	ポルトガル	0.897	26	スロベニア	0.892	26	スロバキア	0.607
27	スロベニア	0.895	27	バルバドス	0.884	27	ポーランド	0.606
28	韓国	0.888	28	シンガポール	0.884	28	エストニア	0.592
29	バルバドス	0.888	29	韓国	0.882	29	ラトビア	0.591
30	キプロス	0.883	30	キプロス	0.875	30	チェコ	0.586
31	マルタ	0.875	31	マルタ	0.866	31	スロベニア	0.584
32	チェコ	0.868	32	チェコ	0.865	32	イタリア	0.583
33	ブルネイ	0.867	33	エストニア	0.852	33	ナミビア	0.572
34	アルゼンチン	0.853	34	ポーランド	0.848	34	メキシコ	0.563
35	セイシェル	0.853	35	ハンガリー	0.847	35	ボツワナ	0.562
36	エストニア	0.853	36	アルゼンチン	0.841	36	クロアチア	0.560
37	ポーランド	0.850	37	リトアニア	0.841	37	フィリピン	0.542
38	ハンガリー	0.848	38	スロバキア	0.840	38	日本	0.531
39	セントクリストファー・ネービス	0.844	39	バーレーン	0.832	39	ハンガリー	0.529
40	バーレーン	0.843	40	チリ	0.830	40	ドミニカ共和国	0.527
41	リトアニア	0.842	41	ウルグアイ	0.829	41	ボリビア	0.524
42	スロバキア	0.842	42	クウェート	0.827	42	ペルー	0.524
43	チリ	0.839	43	クロアチア	0.827	43	ギリシャ	0.523
44	クウェート	0.838	44	コスタリカ	0.823	44	マレーシア	0.519
45	コスタリカ	0.834	45	ラトビア	0.823	45	マケドニア.旧ユーゴスラビア共和国	0.517
46	ウルグアイ	0.833	46	バハマ	0.813	46	ウルグアイ	0.511
47	カタール	0.833	47	トリニダード・トバゴ	0.795	47	リトアニア	0.508
48	クロアチア	0.830	48	ブルガリア	0.795	48	コロンビア	0.498
49	アラブ首長国連邦	0.824	49	ロシア	0.794	49	キプロス	0.497
50	ラトビア	0.823	50	メキシコ	0.792	50	エクアドル	0.490

＊測定可能な国数は、HDIは177か国、GDIは144か国、GEMは78か国。

資料：国連開発計画(UNDP)「人間開発報告書2004」

金や不安定な雇用について「正社員と同じ仕事をして同じ役割を果たしているのだから差別にあたる」と指摘されたときなどは、「正社員ほど残業できるか」「転居を伴う転勤に応じられるか」といった具合に、とても尋常とは言えない働き方を盾に、格差を合理化してきた。それは、「男は仕事、女は家庭」という性役割を土台とした雇用システムの中で正当化され、「働きに応じて公正に報われる権利」＝均等待遇の実現を阻んできた。

皮肉なことに、失業とともに長時間労働が蔓延し、一方では職を失い、一方では人間の限界を超えた仕事量を抱えるという両極分解が生じている。雇用調整されたくなかったら、企業の要請に応えられる働きをする以外にない。そうした生き残りをかけた競争が激しくなると、時間外・休日労働割増賃金を返上する傾向が強まる。考えてみれば、このような長時間労働を許容してきた究極の要因も性役割にあった。男女が、仕事と家庭における責任を分かち合える労働のシステムこそ大切であるのに、リストラされたくなければ、長時間過密労働の中に身を投じる以外にない。そうした厳しい状況が、男性、とりわけ中高年労働者を中心として年間３万人を上回る規模の自殺者を生み出してきた。

そして、いま日本で進められている労働市場改革は、使い勝手のよい不安定低賃金労働の拡大と労働者相互の競争関係を激化させることによって企業の国際競争力を高めるというもので、その分だけ矛盾を深刻化させることになる。これでは社会の持続的な発展など望めるわけもない。

人間としての持続的な発展が可能となるような社会と労働のシステムを確立するには、改革の座標軸を、競争による仕事の奪い合いから、働き手を人間として大切にする協働と仕事と所得の公正な再配分へとリセットしなければならない。大きな男女間賃金格差と男性の滅私奉公的な働き方を改革することが課題となるが、そのための政策の方向性は、労働と生活のあらゆるレベルで性役割に基づく制度や慣行を解消することでなければならない。

すなわち、長時間働いて一家の生計を維持する世帯賃金を得るという働き方の「男性モデル」から、仕事と家庭を両立させて自立して生きていける賃金を得るというモデルに転換させることである。こうした経済社会政策分野におけるジェンダーの主流化が、決定的に立ち遅れているところに、日本の深刻さがある。

4 日本では差別撤廃と均等待遇が、最重要課題とされるべきである。

あらゆる人々の参加を促進して仕事と所得の公正な再配分を図るという雇用再生プログラムは、そのための不可欠な政策として均等待遇の徹底を位置づける。それは、グローバル経済と少子高齢社会という現実に照らしたとき、公共政策の最重点課題とされてしかるべきである。そして、差別が働き手の尊厳を損ない、無気力とフラストレーションを高めて生産性を低下させること、貧困と暴力の温床であり、これらが世代を超えて再生産される基本的性質を有することに留意すれば、差別の撤廃と均等待遇は、産業社会における労使の一致した取り組み課題でなければならないはずである。こうした認識は、国際的には共通のものとなりつつあり、昨年のILO総会で「平等の時」レポートをめぐって論議が交わされたのも、そうした国際社会の到達点を示すものと言える。

これに比較すると、日本における差別撤廃と均等待遇政策の位置づけはきわめて低い。この政策にかかわる当事者の認識と姿勢が改めて問われなければならない。

しかし、あらゆる政策へのジェンダー視点の組み入れを可能にするのは、労働組合を含むあらゆる分野への女性たちの働きかけ以外にない。このことは、均等待遇政策において先進国であるEU諸国の経験を見てもうなずける。グローバル化という競争関係の地球規模の拡大を背景に統合と拡大を勧めてきたEUにおいても、統合政策の中にジェンダーの主流化、均等待遇政策を位置づけることは、並大抵の努力ではなかった。「平等・開発・平和」をメインテーマとする75年国連・国際女性年の設定以来のグローバルフェミニズムの流れが長年にわたる男女間格差撤廃に向けたアクションに勢いをつけて、男女均等待遇原則指令の結実につながり、さらに、男女平等と均等待遇にかかわる重要な原則の確立を実現してきた。

90年には、女性の権利を実現する加盟各国の非政府組織を統合する形で「欧州女性ロビー」が設立され、女性の利益を代表し守るために積極的な働きかけを行なっている。

ここ数年は、EUの将来を検討する新しい枠組みである「コンベンション」（**①より民主的で透明性の高い、市民に近いEUの構築、②拡大後のEUをいかに効率的に機能させていくか、③世界全体の平和と発展に応分の責任を果たすためにEUの国際的プレゼンスを高めること**、これらを達成するための抜本的改革を推進することが議論されている）に対する政策提言や「EUにおけるバランスの取れた男女の権利獲得キャンペーン」が旺盛に推進されているという。

日本でも男女共同参画社会基本法が制定されて、中央・地方政府による基本計画に法的根拠が付与されるようになっているが、前述のように、取り組みとしては大きく立ち遅れている。差別の撤廃と均等待遇政策のあらゆる分野における最重点化が求められる。

5 現行法制の課題、形を変えて生き続ける差別を撤廃する。

(1) 均等法の見直し課題

均等法の見直しが進んでいる。均等法制定にもかかわらず、前述のように男女間の賃金や雇用形態の分離が進んで後戻りが激しいのであるから、抜本的な政策の見直しが求められるはずであり、ジェンダーの主流化政策が具体化されなければならない。昨年、国連女性差別撤廃委員会は、日本政府のレポートに対して、間接性差別禁止の法制化を含む勧告を行なった。

国際社会は、日本では超えられないと考えられてきた職種や雇用形態における男女の分離、これから生じる男女の経済格差を解消する法原則やシステムを編み出してきた。それが、男女同一価値労働同一賃金原則、間接性差別の法理、そして積極的差別是正措置（ポジティブアクション）である。

積極的差別是正措置は、職業上の地位や職種などに占める男女の比率に偏りがあるとき、その格差を解消させるために女性の登用を促進する（たとえば、同等の職業経験・知識・能力のある男女がいるなら比率の少ない女性を優先して登用した場合に労使間での協議を介するといったシステム化が図られてきている。

また、男女同一価値労働同一賃金原則や間接性差別の法理は、一定の職種や雇用形態に占める一方の性の割合が大きく偏っているとき（男性職・女性職）、その結果として生じる男女の格差の解消を目的とする。

同一価値労働同一賃金原則は、男性職・女性職てきた職種や雇用形態における男女の経済格差を解消することを使用者に義務づけ、これをもとに格差解消に向けた計画を立てて実行することにして、その場合に労使間での協議を介するようにするといったシステム化が図られてきている。

り、比率の少ない女性が当該地位や職務に就くために必要な資格や力を身につけるために特別な配慮を行なうなどによる）というもので、職場単位で処遇状況を男女別に把握して報告書を作成することを使用者に義務づけ、これをもとに格差解消に向けた計画を立てて実行することにして、その

全国産業別平均一覧表（女性割合、勤続年数男女、課長・係長クラスの女性割合）

分類番号	産業	女性割合	勤続年数（男性）	勤続年数（女性）	課長クラス（女性割合）	係長クラス（女性割合）
	産業計	30.0%	13.5	9.0		
D	鉱業	12.9%	12.8	10.6	4.3%	2.1%
E	建設業	12.2%	13.0	9.6	0.8%	3.9%
09	総合工事業	12.4%	12.7	9.6		
10	職別工事業（設備工事業を除く）	12.2%	11.3	9.4		
11	設備工事業	11.9%	14.4	9.8		
F	製造業	23.7%	15.6	11.3	1.8%	5.3%
12	食料品製造業	43.2%	12.6	9.5		
13	飲料・たばこ・飼料製造業	23.6%	16.5	13.0		
14	繊維工業（衣服・その他の繊維製品を除く）	36.9%	16.2	13.6		
15	衣服・その他の繊維製品製造業	73.5%	14.1	12.2		
16	木材・木製品製造業（家具を除く）	19.0%	12.7	11.0		
17	家具・装備品製造業	22.7%	13.5	10.6		
18	パルプ・紙・紙加工品製造業	21.5%	15.3	11.6		
19	出版・印刷・同関連産業	22.9%	14.0	9.7		
20	化学工業	20.9%	18.0	12.4		
22	プラスチック製品製造業（別掲を除く）	26.2%	13.2	10.0		
23	ゴム製品製造業	20.6%	17.1	12.8		
25	窯業・土石製品製造業	17.9%	14.5	11.4		
26	鉄鋼業	8.1%	18.8	11.5		
27	非鉄金属製造業	14.4%	16.3	11.0		
28	金属製品製造業	19.7%	13.6	10.9		
29	一般機械器具製造業	14.0%	16.2	11.5		
30	電気機械器具製造業	25.6%	16.0	12.1		
31	輸送用機械器具製造業	12.5%	17.0	11.6		
32	精密機械器具製造業	24.4%	15.5	12.3		
33、34	武器・その他の製造業	28.3%	15.2	11.9		
G	電気・ガス・熱供給・水道業	11.3%	19.2	13.1	0.2%	1.8%
35	電気業	9.6%	18.4	13.4		
38	水道業	9.0%	21.6	15.2		
H	運輸・通信業	10.8%	13.7	9.0	2.9%	8.5%
39	鉄道業	3.1%	21.4	9.9		
40	道路旅客運送業	6.3%	11.9	9.3		
41	道路貨物運送業	8.8%	10.8	8.2		
44	倉庫業	20.1%	13.2	9.1		
45	運輸に付帯するサービス業	23.7%	14.8	8.2		
46、47	郵便・電気通信業	11.4%	19.2	11.0	2.8%	7.4%
I	卸売・小売業・飲食店	30.1%	13.0	8.4	4.2%	13.3%
48-53	卸売業	28.2%	13.7	7.9		
54-59	小売業	33.0%	12.5	9.1		
54	各種商品小売業	46.0%	17.6	11.8		
55	織物・衣服・身の回り品小売業	54.1%	12.7	7.6		
56	飲食料品小売業	37.3%	10.9	8.8		
57	自動車・自転車小売業	11.4%	12.7	8.3		
58	家具・じゅう器・家庭機械器具小売業	26.9%	11.3	6.7		
59	その他の小売業	35.7%	11.0	8.4		
60、61	飲食店	31.9%	9.6	8.0	7.7%	16.5%
J	金融・保険業	46.0%	15.9	10.0	2.4%	11.3%
62	銀行・信託業	37.8%	17.2	10.9		
63	中小企業等金融業（政府関係金融機関を除く）	30.0%	19.4	9.8		
66	貸金業、投資業等非預金信用機関（政府関連金融機関を除く）	41.5%	12.7	7.6		
68	証券業、商品先物取引業	36.2%	11.4	8.1		
69	保険業（保険媒介代理業、保険サービス業を含む）	63.1%	14.3	10.1		
K	不動産業	27.0%	10.8	7.5	5.1%	11.8%
L	サービス業	46.8%	10.8	7.7	7.4%	11.3%
72	洗濯・理容・浴場業	50.8%	9.7	6.9		
74	その他の生活関連サービス業	36.7%	10.4	6.6		
75	旅館、その他の宿泊所	41.5%	9.3	6.4	7.7%	16.5%
76	娯楽業（映画・ビデオ制作業を除く）	40.8%	7.4	7.9		
77	自動車整備業	11.4%	14.7	9.8		
78	機械・家具等修理業（別掲を除く）	11.4%	15.1	7.1		
79	物品賃貸業	25.8%	10.5	7.1		
81	放送業	21.3%	14.9	10.5	2.8%	7.4%
82	情報サービス・調査業	22.3%	10.1	6.7	2.8%	7.4%
83	広告業	26.0%	12.2	7.1		
84	専門サービス業（他に分類されないもの）	26.1%	10.9	7.4		
85	協同組合（他に分類されないもの）	33.1%	17.2	12.4		
86	その他の事業サービス業	38.3%	7.5	5.5		
87	廃棄物処理業	14.4%	9.2	7.9		
88	医療業	77.3%	8.7	7.6	29.6%	46.8%
90	社会保険、社会福祉	75.9%	10.0	7.8	29.6%	46.8%
91	教育	42.0%	14.5	9.7	10.8%	22.6%
92	学術研究機関	16.6%	15.9	10.6	10.8%	22.6%
94	政治・経済・文化団体	35.4%	14.4	11.6	10.8%	22.6%

資料出所：厚生労働省「賃金構造基本統計調査」平成15年
「女性雇用管理基本調査」平成15年度（女性管理職の割合）

の賃金格差が性以外の合理的な要因によるものか、それとも不合理な性による差別ゆえのものであるかを労働の価値評価を通じて検討し、是正するというもので、重要な鍵は、女性職と男性職の職務の価値を平等に評価する性中立的な職務評価ファクターと評価システムである。「知識・技能」(skill)、「責任」(responsibility)、「精神的・肉体的負荷」(effort)、「労働環境」(working conditions) といった評価ファクターを定め、職務の難易度、その遂行に要求される労働の質量など職務・職種（仕事）の価値の大きさを評価する。賃金格差が性中立的な基準に従った職務の価値評価の結果を上回っているときには、その部分が性差別によるものとして是正の対象となる。これまでに、医師と看護士など賃金の格差是正が行なわれてきた。

　また、間接性差別の法理は、一見性に中立的な基準であっても適用の結果、男女いずれか一方の性に不利益を及ぼす場合、その不利益が性以外の合理的な理由に基づくものではないことを使用者側で主張立証できない以上、性差別として是正の対象とするという法理論である。

　以上の制度や原則は、男女間の事実上の格差を解消して男女平等を実現する上で欠かせないもので、これらを総合的に駆使することがあって、初めて男女平等への道を開くことができる。男女間格差の拡大が懸念される日本においては、欧米諸国においてはすでに確立されてきたこれらの制度や原則を法制度の中に盛り込むことは緊急の課題となっている。そして、職場における暴力をなくして職業生活の継続を可能にする制度的保障や、男女が平等に職場と家庭における責任と権限を分かち合うことができるように労働のルールの見直しを図る必要がある。

(2) 片面性の克服～性差別禁止の戦略的位置づけ

　政府は、人権擁護法案に両性に対する差別（性的志向を含む）と暴力を禁止する規定を盛り込んだことから、女性に対する性差別を禁止するという均等法の片面性を変える必要に迫られている。男性に対する差別の禁止は、男女平等の座標軸を大きく変えて、性役割によって規定された働き方と生活のスタイルを「職場と家庭の両立」が可能な方向へと転換を図ること、これまでの男性モデルに基づく労働基準をジェンダーの視点で見直す法理論的根拠を提供することになる。

　これまで男性中心に形成されてきた労働時間制度などの労働条件も、国際基準から大きく立ち遅れてきた。男性だから長時間働いても構わないという制度は、男性に対する人権侵害であり差別である。「職場と家庭の責任」をバランスよく果たすための権利は、男女平等に保障しなければならない。育児介護休業法は、そうした視点から休業や労働時間短縮の権利を保障し、さらに労働基準法に基づく時間外・休日・深夜労働規制を、一定の子どもの養育に責任を持つ労働者について、さらに強化する法改正を行なった。

今後は、仕事と所得の公正な再配分を可能にする社会システムをめざし、労働時間短縮と均等待遇政策を基本的な柱に据えたジェンダーの主流化政策を、労働分野のあらゆる場面において具体化することを展望する必要がある。

(3) 間接性差別の禁止と均等待遇政策

EUにおいては、欧州司法裁判所が均等待遇指令を具体化するために加盟各国の法制度上の問題点を指摘し、時代の流れに応じて、パートタイム労働の処遇格差を間接性差別として是正の対象とすることや立証責任を転換される判断を示してきた。日本の裁判所も、性差別が問われたケースで、法の不備を補って民法90条の公序則を適用し、差別救済機能を発揮してきたことは間違いない。

しかし、均等法制定後の前述のような男女別コース制に関する判断を見る限り、そのような司法機能は放棄されてしまったように見える。唯一、丸子警報器事件が、臨時労働者について、勤続年数や担当する職務の内容が正社員と同じことを根拠に、賃金を80％まで充足させなければ違法になるという判決を下しているが、裁判所が考えている「同一」性のハードルはきわめて高い。これは、雇用形態やコースなどの雇用管理区分が、家庭と仕事における性役割（「男は仕事・女は家庭」「女性は男性が気持ちよく働くための補助」といった固定的な性役割）による男女の区別を意味することをまったく考慮しようとしない、日本の政策の反映である。

これが西欧諸国であれば、政府も裁判所もこのような格差を放置することはありえない。なぜなら、コースや契約形態は、一見すると「性」を直接的に基準に取り込んではいないが、これをあてはめることによって結果として女性を低い賃金等処遇に置くことになり、そうした格差が合理的な理由によって説明できないときには、間接性差別として救済の対象とされる。女性差別撤廃委員会が、日本の政府に間接性差別の法制化を勧告したのは、あまりに当然のことであった。そして、EUやILOでは、雇用形態や家族的責任の男女の分離に着目して、間接性差別を排除する取り組みからパートタイム労働者の均等待遇原則を確立し、これを家内労働者や派遣労働者の均等待遇を保障するようになっていることからすると、日本の立ち遅れは目を覆うばかりである。そして、およそこのような状態であるから、男女平等を基礎とした「仕事と家庭の両立」支援策も進まない。特殊合計出生率1・29というショッキングな状況は、そうした日本の男女平等政策のトータルを反映したものである。

丸子警報器事件

原告女性28名（臨時社員）の中には、最長27年の勤務者もおり、勤務時間・日数も正社員と同じで、同じ組立ラインで同様の仕事をしていたが、社員と2割以上の賃金格差があった。「均等待遇の理念に反し、使用者の裁量（8割までの格差許容）の範囲を超え、公序良俗に反する」と、26名の訴えを認め、1,466万円の支払いを命じた。

【裁判所】長野地裁
【年月日】1996年3月15日判決
【出　典】労働判例690号32頁

(4) 同一価値労働同一賃金原則による賃金格差の解消

また、裁判所は、日本が批准しているILO100号条約が定めている前述の同一価値労働同一賃金原則などまったく考慮しない。唯一、京ガス賃金差別事件京都地裁判決が、原告と比較対照とされた男性との職務を比較し、同一価値労働同一賃金原則にしたがって男性の賃金の85％まで充足しなければ違法だと断じたが、他の裁判例では無

京ガス賃金差別事件

原告の女性と、同年齢・同期入社の男性との間に賃金格差があった。「2人の職務の価値に、格別の差はない」と認定され、「この賃金格差は、女性であることを理由とする不法行為」として、会社に670万円の支払いを命じた。

【裁判所】京都地裁
【年月日】2001年9月20日判決
【出　典】労働判例813号88頁

視された格好になっている。
　しかし、この原則を適用して性差別賃金を是正する可能性は、日本の賃金制度それ自体の中にある。たとえば、雇用管理区分における職務区分や職能資格等級制度における職能資格は、多様な職務を抽象化し、ある種の価値評価をなして職務区分や資格等級に分類したもので、このような制度それ自体の性中立性は、客観的な職務の価値評価にかかっている。そこでは、職務区分に対応する賃金が同一価値労働同一賃金原則に従った職務の価値評価に耐えうるのかどうかが問題となる。そして、女性労働者の報酬率が客観的な職務評価によって決定されていないのであれば、差別賃金の推測が働くはずである。にもかかわらず、裁判所は、そのような場面においても、この原則の適用を確立する努力を払っていない。同一価値労働同一賃金原則に基づく男女間賃金格差の是正に旺盛な活動を展開している欧米諸国の性差別救済機関とは、比較にならないほどのギャップがある。

　ところで、ＩＬＯ条約勧告適用専門家委員会は、これまで幾度も１００号条約に基づく同一価値労働同一賃金原則の日本への適用の必要を指摘してきているが、２０００年に、日本の国立病院で働く非常勤看護職員の賃金が同条約に違反しているかどうかについて見解を述べ、専門家委員会は、非常勤職員が正規職員より不利な処遇を受けていること、非常勤の70%が女性だという事実に着目しつつ、比較対象となる正規職員も大多数が女性であることから、賃金格差は１００号条約で禁止している間接差別には該当しないとした。これは、比較対象グループの多数が男性である場合には条約が禁止している間接性差別として「価値労働」の視点から格差是正が求められることを指摘するもので、そうだとすると、日本の政府や裁判所は、批准済みのＩＬＯ１００号条約にも反する賃金格差を、随分とたくさん放置してきていることになる。

(5) 立証責任の転換

　ＩＬＯ「平等の時」の総会審議における事務局長発言は、差別は形を変えて生き続ける動く標的であると指摘している。法による禁止にもかかわらず、差別は次々と形を変えて再生産される。これに対抗するには、男女間に格差が存在する以上、その合理性を使用者側において立証できなければ差別とみなすという立証責任の転換が不可欠だ。

　ＥＵにおいては、すでにこの立証責任の転換が指令によって各国の制度とされるようになっているが、日本の最高裁は、依然として権利を主張するものが立証責任を負担するという旧態依然たる理論（法律要件分類説）に固執している。せいぜい「（著しい格差が存在する場合）、原告について、男性社員との間に格差が生じていたことにつき合理的な理由が認められない限り、その格差は男女間において存在した上記格差の同質のものと推認され、また、この男女間格差を生じたことについて合理的な理由が認められない限りその格差は性の違いによるものと推認するのが相当である」（昭和シェル石油事件）というレベルにとどまっている。このような裁判所の限界のもとでは、女性は、合理的な理由なく女性であるがゆえに差別されていることを、時として働き続けられなくなることを覚悟で差別を立証しなければならない。したがって、形を変えて生き残る差別にとどめをさす作

昭和シェル石油事件

職能資格制度のもと、資格が上がると賃金が上がるシステムであった。しかし、実際には「男女間に著しい格差があり、差別的な取扱いをしている」と認定し、約4,500万円の支払いを命じた。

【裁判所】東京地裁
【年月日】2003年1月29日判決
【出　典】労働判例846号10頁

業が、大幅に立ち遅れることになる。

(6) 差別からの救済

雇用へのアクセス（募集・採用・職業紹介・法律に定められた優先的雇用の権利）が平等に保障されなければ、雇用における男女平等そのものがありえない。そして、差別の救済には、差別的事実行為（セクシャルハラスメント・パワーハラスメント）や、間接性差別、同一価値労働同一賃金原則の適用に基づく賃金差別の解消など、あらゆる差別と暴力に総合的かつ系統的に対応できる救済制度が確立されなければならない。

そして、差別の救済は少数者のための贅沢品であってはならず、中立に際しての適切な援助がなされなければならないし、差別と暴力からの迅速かつ適正な救済のためには、①資料提出責任＝主張立証責任を使用者側に負担させるよう転換すること、②性差別を是正するための弾力的解決策を可能にする制度を実現し、過去の差別を現在及び将来に引き継がせることなく、将来に向かって差別や暴力を差し止めることができ、他の労働者にもその効力が及ぶようにしなければならない。

西欧諸国においては、こうしたことを基本においた性差別救済制度が確立されてきた。

形を変えて生き続ける差別を撤廃するためには、偏見とステレオタイプを解消すること、法の欠陥を補って新しい形態の差別に迅速に対応できる制度であることが必要である。そのためには、いまの制度の抜本的な見直しにとどまらず、職場・労働組合・企業等事業場・中央地方政府・裁判所・国会のあらゆるレベルにジェンダー主流化を具体化すること、政策決定に影響を及ぼすポストに占める男女の割合を変えることや、ジェンダー教育の徹底が求められる。

6 「働きかければ報われる」 これがエンパワーメントの基本である。

差別を救済し、撤廃に向けた政策をあらゆる分野において推進する制度的な受け皿を持たない日本の現状は致命的である。労働市場において競争政策が推し進められる中で事実上の男女平等が遠のくばかりの現実を前に、改めて、この格差を解消するための前述の制度を具体化する必要が痛感される。しかし日本では、同一価値労働同一賃金原則や雇用形態を超えた均等待遇原則の法制化を阻む壁は厚い。これらを制度化したり公序ととらえることに反対する日本の論者は、日本では欧米諸国のように「職種別賃金」が確立されていないとか、「労働市場」が違うことをその根拠にしてきたが、そこには、ジェンダーの主流化という視点はまるでない。政府や裁判所、国会にも、そうした視点が欠落していることが大きな問題である。

こうした現状を打ち破る力が求められる。しかし、現実は、その中心に位置づけられる女性たちが職場や家庭を含む社会の差別と暴力にさらされ、力を削がれて、職の確立や政策決定に影響を及ぼすポストへの昇進、昇給のために不可欠な「続けること」さえ阻まれてしまう状況にある。

連合が実施した男女平等に関する調査結果によると、まだまだ職場における差別を実感させられながら働く女性は多い。そうした女性たちが、差別を受け入れ、気持ちを切り替えなければ働き続けられないような職場や企業、労働市場は変えなければならない。女性たちが、差別と暴力を加える社会の不当性を認識し、自信と誇りを持ってその壁にチャレンジできるきめ細かな保障が求められている。

欧米諸国においては、職場レベルからそうした状況への配慮が具体化されてきている。企業は、人権尊重の方針を企業組織の中に組み込み始めており、ポジティブアクションと共に、あらゆるレベルで男女平等問題担当者を置いて苦情の解決から女性の登用など男女平等のために影響力を行使できるようにしている国もある。

日本でも、職場レベルにおいては、たとえば、「労働における尊厳と平等」ポリシーを確立し、これを周知徹底することを義務づけるとともに、現在法律に定められている企業内紛争解決・セクハラ苦情解決・ポジティブアクションに関する制度を戦略的に統合再編成することが考えられてよい。職場と労働組合における男女平等推進委員の設置を義務づけることや、人権研修・男女平等研修の義務づけ（経営者・査定権者・一般社員）も必要である。「働きかければ報われる」職場や労働組合づくりがエンパワーメントの基本である。

グローバルな視点から…
均等待遇
最前線
REPORT

イギリスは均等待遇の先進国として他国を大きくリードしている

イギリスは日本に比べ、男女間の賃金格差も少なく、ジェンダー・エンパワーメント指数も上位を占めています。このように平等を支えている法制度を知ることは、私たちにとって大きな意味を持つでしょう。また、イギリスでは、「雇用均等委員会（ＥＯＣ）」が設置され、法律の不十分な点を裁判所に訴えることが認められています。これは、あらゆる差別に対する助言・援助措置も行われる世界でも稀な画期的システムです。

山田　省三《やまだ　しょうぞう》　中央大学法科大学院教授

1 「男女同一賃金法（ＥＰＡ）」と、「性差別禁止法（ＳＤＡ）」の骨子とは？

(1) 「男女同一賃金法」の制定以来、同一価値労働が裁判の主流に…。

イギリスは、相対的に見れば、男女平等が進んだ国である。たとえば、男女間の賃金格差を見ると、日本が66・8％（２００３年）であるのに対し、イギリスは81・4％である（２０００年、成人フルタイマーの時間給）。

また、女性の所得や、専門職・技術職、上級管理者あるいは国会議員に女性が占める割合、すなわち、その国の男女平等度を測る「ジェンダー・エンパワーメント指数（Gender Empowerment Measure）」も、イギリスは世界16位である（ちなみに、日本は32位である。２００２年）。このように、イギリスの雇用における男女間の平等を支える法制度として、以下の３つのものを挙げることができる。

第一は、詳細な１９７５年性差別禁止法（Sex Discrimination Act 以下ＳＤＡ）と、１９７０年男女同一賃金法（Equal Pay Act 以下ＥＰＡ）という2つの包括的な差別禁止法を有していることである。第二に、効果的な行政機関として、機会均等委員会（Equal Opportunities Commission 以下、ＥＯＣ）を有していること、第三に、ヨーロッパ共同体法（ＥＵ法）の影響を強く受けていることに求めることができよう。

ＥＰＡは、イギリス国内の事業所に雇用される女性の雇用契約において、労働条件に関する平等条項（equality clause）が規定されていない場合、同条項が各自の雇用契約に含まれるものとみな

され、男女に同一の賃金が保障されることとなる。女性が同一賃金を保障されるのは、比較対象となる男性と、

①「同一または類似の労働」に従事している場合

②職務評価制度(job evaluation system)において同等の価値と評価される「同等評価労働(work rates as equivalent)」

③「同一価値労働(equal value work)」に従事している場合である。これは②の制度がない場合に適用されるものである。

男女が同一もしくは類似の労働に従事している場合に、同一の賃金が保障されるべきであるのは当然であろう。では、その他に、同一価値労働同一賃金原則が必要とされるのはなぜであろうか。男女が同じような仕事に従事していれば、同一労働原則で十分である。

しかし、男性もしくは女性が圧倒的比率を占める職種も多く残されている。これが、男女間の「職域分離」(job segregation)と呼ばれるものである。これを解消するため、技能、努力、責任、作業条件など、仕事に要求される価値が同一であれば、従事する仕事は異なっていても、女性は同一価値労働にある任意の男性と同一賃金が保障されるというのが同一価値労働同一賃金の原則である。

日本の場合には、男女間における同一労働同一賃金の原則の実現すらおぼつかない状況にあるが、イギリスでは、むしろ同一価値労働の問題が裁判例の主流となっている。しかし、この方法にも問題がない訳ではない。労働に必要とされる価値は職務評価制度(job evaluation)によりなされるが、たとえば努力という評価項目において、重量物の取り扱いが過度に強調される一方で、人と対面する仕事が軽視されるなど、ジェンダー・バイアスがかかった評価も少なくない。

(2)「性差別禁止法」には、間接差別の規定もある。

SDAが対象とする雇用差別は、**①採用の決定、②採用条件、③採用拒否、④昇進・教育訓練、⑤解雇その他の不利益取扱い**の5つであるが、SDAあるいはEPAに基づく訴えの提起を理由とする不利益取扱いも禁止される。

また、同法における差別には、直接差別(direct discrimination)と間接差別(indirect discrimination)とがある。前者は、女性(男性)であること、あるいは妊娠・出産したことを理由として、比較対象者である男性(女性)より不利益に取り扱うことである。

日本の男女雇用機会均等法は、女性に対する差別のみを禁止しているが、SDAは、性差別として男女双方に対する差別を禁止している。

また、間接差別とは、表面上は性中立的な「要件もしくは条件(requirement or condition)」であるが、それを適用すると、一方の性の大部分に属する者が著しい不利益を受けるものを意味する。典型的な例として、採用における身長基準などを挙げることができよう。もちろん、その基準が業務遂行に不可欠であることを使用者が証明できれば、間接差別は否定されることになる。裁判例においては、17~28歳の者を募集するという条件が、多くの女性の出産年齢にあたるとして、間接差別と判断された事案がある。

ところで、EPAとSDAとの関係が問題となる。前者は、雇用契約に定められた賃金その他の労働条件に関する性差別を対象としているのに対し、後者は、雇用契約によらない差別、たとえば採用、職業訓練、解雇といった性を理由とする差別や、婚姻上の差別を規律している。なお、EPAには、SDAのような間接差別の規定は存在しない。

2 パートタイマーの権利も保障され、不利益とならない規定がある。

イギリスは、オランダについでパートタイマーの数が多い国であるが、パートタイマーについては、従来、間接差別による処理がなされてきた。つまり、パートタイマーの約8割が女性であることから、これに対する賃金差別は、女性差別のひとつに該当すると見られてきたのである。たとえば、パートタイマーを優先して整理解雇することが女性に対する間接差別に該当するとされた、雇用控訴審判所による1982年のクラーク事件がある。

女性に対する間接差別として、パートタイマーに対する均等待遇原則を達成することは重要なアプローチであるが、この法理を適用すると、

少数を占める男性パートタイマーの救済が困難となる。このため、パートタイマーに対する均等待遇を達成する法理として、雇用形態差別という考え方が登場する。パートタイム労働者に対する差別を禁止し、労働時間との比例原則（pro rate principle）による賃金を保障することを要求するEUの1997年の「パートタイム労働に関する理事会指令」（Council Directive 97/81/EC concerning the Framework Agreement on Part-time Work)を国内法化する必要に迫られたのである。

このため、イギリスでも、2000年のパートタイム労働者（不利益取扱い禁止）規則（The Part-time Workers（Prevention of Less Favourable Treatment) Regulations）が制定され、比較可能なフルタイム労働者に比して不利益に取り扱われない権利が保障された（5条1項）。また、適切な場合には、前記の比例原則が適用されると規定されている（同条3項）。

3 雇用均等委員会(EOC)が、政府の「お目付役」として機能！

イギリスにおいては、雇用均等委員会（EOC）が、政府から独立した機関として設置されているのが大きな特徴である。政府から独立しているという意味は、ある法律が不十分である場合には、EOCは、政府を被告として、その法律の違法性を裁判所に訴えることが認められている。

たとえば、日本の労働基準法に該当する1978年雇用保護統合法（Employment Protection (Consolidation) Act）は、労働者が不公正解雇（unfair dismissal）を受けない権利や、整理解雇手当(redundancy pay)の受給権などが保障されるための要件として、週16時間以上働く労働者は2年以上、週8時間以上16時間未満の労働者は5年以上の勤続年数があることを要求していた。これにより、短時間労働者であるパートタイマーの755万人が、これらの権利を失っていたと言われている。

そこで、EOCは以上の要件が違法であると訴え、貴族院（House of Lords 日本の最高裁に該当する）は、1994年3月3日の判決において、これらの要件には客観的な合理性が認められないと判決した。これにより、同法の要件は廃止されている。

このほか、EOCは、性差別的な募集広告、行為、慣行について、違法の宣言判決や差止めを裁判所に提起する独自の権限を付与されている（72条）ほか、差別を主張する者への助言、助力や弁護士の手配などの援助措置をすることができる（755条）。のみならず、EOCは、当事者の申し立てがなくとも、警告を発し、1ヵ月以内に当該差別行為の停止を求める「差別禁止通告（non-discrimination notice)」を発することができる。

さらに担当大臣から要請がある場合、もしくは必要と認めた場合には、法律案を作成し、同大臣に提出することができる。また同大臣がSADの改正案を提出する場合にはEOCの意見を聞かなければならないこととなっている。

そしてEOCは、SADおよびEPAに関する行為準則（Code of practice）の作成権限も付与されている。

以上のように、多様かつ強力な権限を有するEOCの存在がイギリスの雇用平等達成への大きな力となっていると指摘できよう。

EU加盟国の基本原則として、イギリスの男女平等を規律に…。

諸外国における均等関係法制等

国名（法律名）	禁止される差別の内容	罰則の有無	実効性確保手段
イギリス（性差別禁止法）	・雇用の機会の提供、配転、昇進、訓練等について差別を禁止	×	・機会均等委員会（EOC)の公式調査に基づく差別停止通告 ・労働審判所に 対する差別確認、違法行為の差止命令の申請
フランス（労働法典）	・採用の拒否、配属、配置替え、昇進、職業訓練、労働契約の更新の拒否等について差別を禁止	○（禁固、罰金）	
ドイツ（民法）	・募集、雇用契約の締結、職務上の指示、昇進、解雇に関する差別の禁止	×	・労働裁判所への提訴
アメリカ（公民権法第７編）	・募集、採用、雇用の条件、解雇等について差別を禁止	×	・雇用機会均等委員会（EEOC)による民事訴訟の提起 ・違反者に積極的悪意があった場合において、裁判所の判決による懲罰的損害賠償
カナダ（人権法）	・雇用の拒否、雇用に関する差別 、従業員に不益となる差別の禁止	×	・人権委員会で審問を行った上差別的行為の差止め、権利の回復、損害の補填を内容とする命令の発出
オーストラリア（性差別禁止法）	・誰を雇用するかの決定等に関する差別 、雇用の条件、昇進、配転、訓練、解雇等に関する差別を禁止	○（募集広告のみ）（罰金）	・人権委員会の審判により、違法行為の差止め、損害の補填、雇用、再雇用、昇進の命令の決定（決定を実施させるために連邦裁判所へ訴訟提起）
スウェーデン（男女平等法）	・雇用、昇進又は昇進のための訓練等について差別を禁止	×	・機会均等委員会による罰金を伴う義務履行命令
韓　国（男女雇用平等法）	・募集、雇用、職務割当、昇進、訓練、退職年齢、解雇等に関する差別の禁止	○（禁固、罰金）	

男女間の賃金平等に関しては、各加盟国が、「同一の労働に対する男女労働者の賃金平等の原則が確保されること」を要求するローマ条約１１９条が重要である。同条は、ヨーロッパ司法裁判所（European Court of Justice 以下ＥＣＪ）により、差別を受けた個人が各加盟国の裁判所に訴えることができるとしている（デフレネ判決）ため、国内法の規定が存在しない、あるいは不十分である場合でも、個人は同条を根拠として国内裁判所に提起することができるものと理解されている。

また、１９７６年の「雇用、職業訓練および昇進へのアクセスならびに労働条件についての男女均等待遇原則の実施に関する指令」は、直接的か間接的かを問わず、性別、とりわけ婚姻上または家族上の地位に関連した理由に基づくいかなる差別も存在してはならない」と規定し（2条1項）、ＥＵ加盟国に共通する基本原則として、イギリスにおける男女平等を規律している。

このように、イギリス労働法はＥＵの男女平等法制によって強い影響を受けており、現在ではＥＵの指令などを無視して、イギリスの雇用平等は理解できないと言っても過言ではないであろう。

グローバルな視点から…

均等待遇

最前線

REPORT

「パート」も「正規」も同一価値労働に同一賃金を！

欧米では「同一価値労働同一賃金」が原則とされ、
各国でその運動も盛んに行われています。
しかし、同じ先進国である日本では、
正規とパートの賃金格差が年々拡大するばかりで、
残念ながらペイ・エクイティの浸透は大幅に遅れています。
そこで、欧米での労働運動の経緯や判例を学びながら、
日本でも一日も早い「同一価値労働同一賃金」の実現をめざしましょう。

森 ますみ

もり ますみ　昭和女子大学教授

1 わが国では、女性は非正規が正規を超え、大きな賃金格差も生じている。

２００３年に女性雇用者の「正規」比率と「非正規」比率がとうとう逆転し、働く女性の50・5%が非正社員という時代が到来した。女性正規雇用者１０２８万人に対し、非正規雇用者は１０４９万人にのぼっている。うち最大の集団は〈パート・アルバイト〉８４５万人である。これに比較すると、男性雇用者の85%は正社員のポストを確保しており、雇用流動化のジェンダー・バイアスがますます強まっている（総務省「労働力調査」）。

一方、賃金を見ると、所定内給与の時給額は正規男性２０２５円（１００）、正規女性１３７２円(68)、男性パート９９１円(49)、女性パート８９１円(44)という雇用形態とジェンダーによる大きな賃金格差が形成されている（２００２年）。さらに問題なことは、正規とパートの賃金格差は、男性間でも女性間でも年々拡大していることである。１９９５年と２００２年の格差を比べると、正規を１００としてパートの時給は、女性で70から65へ、男性でも55から49へと低下している（厚生労働省「賃金構造基本統計調査」）。

これらの数字からも、「均等待遇」の実現が女性にとってより差し迫った、一方、男性にとっても無視できない課題となっていることは明らかであろう（ちなみに男性パート・アルバイトは２３１万人）。

「均等待遇」の基礎は何と言っても正規・パート間の賃金平等である。国際社会の原則は、「パート」も「正規」も性にかかわりなく同一価値労働に同一賃金を求める方向へと進んでいる。「連合」は、すでに２００２年『連合白書』（春季生活闘争の方針と課題）において、この原則を掲げ、「パート労働者、派遣労働者等非典型労働者の処遇改善に向け、同一価値労働同一賃金を基本に、職場に

おける典型労働者との均等待遇の実現をめざす」こと、『同一価値労働同一賃金』の原則からすれば、同じ仕事をして同様な成果を上げている場合、どういった雇用形態であれ同一の賃金が支払われるべきである」と明確に述べている。

とはいえ、日本の労働運動の中では、この原則はまだまだ馴染みの薄いものというのが実態ではないだろうか。

2 「同一価値労働同一賃金原則」は、異なる職種・職務を評価する。

同一価値労働同一賃金原則（equal pay for work of equal value）とは、看護士とトラック運転手のように異なる職種・職務であっても、それらの価値が同一または同等であれば、その労働に従事する労働者に、性の違いにかかわらず同一の賃金を支払うことを求める原則である。異なる職務の価値を比較する手段は職務評価制度であり、性に中立な職務評価ファクターと評価方法の採用が重要なカギを握っている。この原則において、比較・評価されるのは男性あるいは女性が従事する職務そのものであり、その職務に従事している男性個人や女性個人ではない。つまり、職務評価制度は、職務内容を評価するのであって、人を評価するのではない。その意味でこの原則は、欧米の基本的な賃金制度である職務給をベースとしている。

異なる職務に従事する男女間の賃金格差の是正を目的とする同一価値労働同一賃金原則は、「同一」または「類似」の職務に従事する男女労働者に同一賃金の支給を求める同一労働同一賃金原則の概念を発展させたものである。さらに、トロント大学モーリィ・グンダーソン教授は、『コンパラブル・ワースとジェンダー差別――国際的視角から――』（ILO雇用における女性の平等に関するプロジェクトの成果、1994年刊行。邦訳は産業統計研究社1995年）の中で、同一価値労働同一賃金原則の論理にかなった拡張として「比例価値労働比例賃金」という概念の正当性を認めている。これは、男女の従事する職務の価値が「同一価値」でない場合には、職務の価値に比例した賃金の支払いを求めるものである。

同一価値労働同一賃金原則は、歴史的には1951年のILO100号条約（「同一価値の労働についての男女労働者に対する同一報酬に関する条約」）として採択され、同2条は「各加盟国は、報酬率を決定するために行われている方法に適した手段によって、同一価値の労働についての男女労働者に対する同一報酬の原則のすべての労働者への適用を促進し、（中略）確保しなければならない」と加盟国の義務を明記している。日本はすでに1967年に、この条約を批准している。

一方、1979年に国連で採択された女子差別撤廃条約は、11条1項(d)において、「同一価値の労働についての同一報酬（手当を含む）及び同一待遇についての権利並びに労働の質の評価に関する取り扱いの平等についての権利」を謳っている。日本は、この条約を1985年に批准している。

女子差別撤廃条約の採択に象徴される国連を中心とした世界の女性運動の高揚の中で、1995年に北京で開催された第4回世界女性会議は、北京「行動綱領」を採択し、165条a項において各国政府に「同一労働同一賃金または同一価値労働同一賃金に対する女性及び男性の権利を保障するための法律を制定し施行すること」を求めている。同会議に政府代表団が参加し、「行動綱領」の採択に賛成をした日本も当然にその対象国となっている。以上のように、同一価値労働同一賃金原則は、今日、男女平等賃金を実現する国際的な原則、権利として明確に位置づけられている。

同原則が、欧米先進国において、性別職務分離の下で低く評価された女性の職種・職務の価値の再評価と、男女賃金格差を是正する主要な戦略として、「コンパラブル・ワース（Comparable Worth）」または「ペイ・エクイティ（Pay Equity）」の呼称の下に展開したのは1980年代である（ペイ・エクイティおよびコンパラブル・ワースという用語は、運動・研究の両分野において、同一価値労働同一賃金原則と相互に互換可能な用語として用いられている）。

この背景には、欧米先進国における女性労働者の増大と、性別職務分離による女性の低賃金、男女賃金格差の実情があった。すなわち、女性の多くが、看護士や保育士、秘書といった女性が多数を占める低賃金職種（女性職）に従事し、一方、男性は、トラック運転手や技術者といった男性が多数を占める職種（男性職）に従事している中では、「同一」または「類似」の職務に従事する男女に同一賃金の支給を求める同一労働同一賃金原則では限界があり、「同一賃金」の原則を、異なる労働間、異なる職種・職務間にも拡大する必要があった。同一労働同一賃金原則から同一価値労働同一賃金原則への発展である。

アメリカ合衆国では、1982年に州職員賃金衡平法を制定したミネソタ州を端緒に、20州と1700を越える地方自治体、学校区、大学等が、男性職と女性職に同一価値労働同一賃金原則を適用し、実現している（詳細は、リンダ・ブルム著『フェミニズムと労働の間――コンパラブル・ワース運動の意義――』1991年、森ます美・居城舜子ほか共訳　御茶の水書房　1996年参照）。

公務部門のみならず民間事業所に対してもペイ・エクイティの達成を義務づけ、同一価値労働同一賃金原則実現の先進例と言われているのがカナダオンタリオ州である。1987年制定の同州のペイ・エクイティ法（Pay Equity Act）は、公務・民間両部門で10人以上の従業員を雇用する事業所に、男性職（70%以上を男性が占める職種）と女性職（60%以上を女性が占める職種）間の賃金格差を、ペイ・エクイティ原則に基づいて解消することを、期限を定めて義務づけている。同法は、差別された個人からの申し立てを待つことなく、事前に使用者に男女賃金格差を是正する義務を課したプロアクティブ（積極的介入型）な法として高く評価されている。

一方、同一価値労働同一賃金原則は、今日、EU諸国においても広く実施されている。この原則を制度として最も早く成立させたのは、イギリスの1970年の同一賃金法である。同法は、ILO100号条約の職務評価によるこの原則の実施を、職務評価制度のある企業で働く女性に限定して認めたが、EC同一賃金指令（1975年　EC理事会指令「男女の同一賃金原則の適用に関する加盟国国内法令の調整のための指令」）に基づく1983年の改正法によって同一価値労働同一賃金原則の適用は、全女性労働者に拡大された。

代表的な判決として、日本でもよく紹介されるヘイワード事件（1988年貴族院判決）は、造船所で料理人として働く女性ヘイワードさんの職務が、同じ造船所で働く男性の塗装工、熱絶縁工、船大工の職務と同一価値労働であると認められた事件である。

アメリカ諸州およびカナダオンタリオ州が、ペイ・エクイティの適用を女性職と男性職という集団間に適用している（集団訴訟制度）のに対し、イギリスにおける同原則実施の特徴は、女性労働者と男性労働者のそれぞれ個人が従事する職務間に適用されることである。男性の職務との同一価値労働（同一賃金）を請求する女性労働者は、雇用審判所に申請を行う。審問が開かれ、審判所の判断の下に職務評価が中立の専門家に委託される。

マンチェスター雇用審判所審判長イレーヌ・R・ドネリー氏は、「同一価値労働同一賃金に関する個人の請求は、1984年から1996年の間に、640の異なる使用者を相手に、約8500件存在」し、このうち「180件弱の事件が、職務評価のために中立専門家に委託された。そのうち107件は間もなく解決ないし取り下げとなり、30件は職務評価が継続中であり、43件が審判所での審理に付された」と報告している（イレーヌ・R・ドネリー「同一価値労働同一賃金――イギリスの経験」、2000年11月11日～19日に掛けて東京、名古屋、大阪、福岡で開催されたシンポジウム報告書『均等待遇2000年キャンペーン　日英シンポジウム――間接差別をなくし、同一価値労働同一賃金を実現するために――』21頁）。

欧米先進国における以上のような同一価値労働同一賃金／ペイ・エクイティの実現は、雇用における男女平等を求めるフェミニスト運動と労働組合運動の積極的な関与と運動の展開によって達成されてきたものである。

3 わが国におけるペイ・エクイティ運動。国際基準のクリアを要請される。

欧米諸国に比べると、同じ先進国とはいえ日本における同一価値労働同一賃金原則の浸透は、大幅に遅れていると言わざるを得ない。しかし、1990年代に入って以降、民間大企業で、男性労働者と同じく働き続けてきた女性たちが、職場の中で、男性労働者と同一労働あるいは同一価値と思われる職務に従事しているにもかかわらず、ますます拡大する賃金格差に我慢ができず、次々と男女賃金差別訴訟を起こしてきた。この過程で、同一労働同一賃金原則とともに同一価値労働同一賃金原則に対する関心とその実現への希求は急速に高まってきた。

これに応えて、労働法学者、弁護士、社会政策学者等が、アメリカ、カナダ、イギリスにおける同一価値労働同一賃金原則やペイ・エクイティの法律、実施のプロセスに関する調査・研究を深め、今日、一定の蓄積がなされている。ペイ・エクイティ研究会（研究代表者 森ます美）が1995～97年にかけて行った『WOMEN AND MEN PAY EQUITY 1997 商社における職務の分析とペイ・エクイティ』は、研究者と商社で働く女性たちの共同研究の成果である。

他方、2000年に実施された「30名の呼びかけ人と約650名の賛同者によって実施された「均等待遇2000年キャンペーン――間接差別をなくし、同一価値労働同一賃金を実現するために――」には、全国で2000名が参加した。メイン・イベントとして、イギリスからEOC（機会均等委員会）

法律助言部部長アリス・レナード氏とマンチェスター雇用審判所審判長イレーヌ・R・ドネリー氏を迎えて「均等待遇2000年キャンペーン 日英シンポジウム」が、全国4都市で開催されたが、大阪会場の参加者は600名にのぼっている。この10年間に、日本においても「同一価値労働同一賃金」への関心が、より広範囲なものとなっていることは確かである。

労働法学の領域においては、すでに「男女同一賃金の原則」を規定した労働基準法4条は、成立過程において「同一価値労働」原則が、「同一価値労働」「同一労働」に修正された経緯があるとはいえ、「欧米諸国において当然にこれを含み込む規定ではなく、『同一（価値）労働同一賃金原則』を定めるものだとする解釈が通説である」と指摘されている（浅倉むつ子『労働とジェンダーの法律学』有斐閣2000年、201頁）。

事実、同一価値労働同一賃金原則を規定したILO100号条約は、国内法の修正や新たな通達が出されることもなく、1967年に批准されている。すでに1992年に、ILOの条約勧告適用監視専門家委員会は、日本政府に対して、男女の資質に関する伝統的な観念に基づく主観的な価値判断によって、主として男性が行う職務よりも、主として女性が行う職務が、低く価値づけられ

日本の男女賃金格差が、先進諸国の中でも突出して大きいことは、国際的に周知の事実である。すでに1992年に、ILOの条約勧告適

に基づいて同条約が批准されたという（政府による）趣旨説明に基づいて同条約が批准されたという（政府による）趣旨説明

趣旨説明に基づいて同条約が批准されたという（政府による）
労基法4条で規定されているという（政府による）
「100号条約の同一価値労働同一賃金原則は、すでに労基法4条で規定されている」という
「100号条約の同一価値労働同一賃金原則は、すでに労基法4条で規定されている」という
中島通子・山田省三・中下裕子著『男女同一賃金』（有斐閣選書1994年、37・38頁）は、

味は大きい。少なくともこの時点で、労基法4条はこの原則を含むことが、公式に認められたという意味は大きい」（カッコ内は森が補足）と述べている。

とはいえ、これまで日本においては、男女労働者が従事する職務の価値を争点とする男女賃金差別事件は見られず、唯一1992年の日ソ図書事件における東京地裁判決は、「現在の日本における男女同一賃金原則の解釈上の到達点である」と評価されている。周知のように、同判決は、個々の男女間の賃金格差を男女差別と認定し、原告（野村美登氏 女性）は「遅くとも昭和47年1月頃の時点では、……その職務内容、責任、技能等のいずれの点においても」「質及び量において男子社員が従事するのと同等と評価しうる業務に従事するに至ったと認められるから、「被用者たる被告としては、右時点以降、原告の賃金を男子並みに是正する必要があった」であると裁定している（「日ソ図書事件判決」[東京地裁 平成4/8/27判決 昭63（ワ）9505号］、浅倉むつ子前掲書202・203頁および中島通子・中下裕子・野村美登『賃金の男女差別是正をめざして』岩波ブックレットNO・338、1994年を参照）。

ることがないように適切な措置をとることを勧告している（浅倉前掲書206頁）。社会と経済のグローバリゼーションが進展する中で、日本においても男女雇用平等の国際基準をクリアすることが要請される今日、同一価値労働同一賃金原則の実現も早晩、避けて通れぬ課題となるであろう。

4 「京ガス男女賃金差別事件」は、同一価値労働を認めた画期的な判決！

2001年9月20日、日本で初めて同一価値労働同一賃金原則を採用した画期的な判決が出た。京都地裁松本信弘裁判官による京ガス男女賃金差別事件に対する判決である。大阪ガスの指定工事会社京ガスでガス工事の《積算・検収（精算）》業務を担当する「事務職」の原告屋嘉比ふみ子さんは、同期入社の同僚S「監督職」との「同一価値労働」を主張して、Sさんとの賃金格差は男女差別によるものであることを争ってきた。

「判決」は、原告とS監督職の「各職務の価値に格別の差はないもの」と認め、「本件賃金格差は、原告が女性であることを理由とする差別」すなわち「労働基準法4条（男女同一賃金の原則）に違反して違法」なものであることを全面的に認めたのである。

私は、原告と弁護団に要請されて、「京ガス男女賃金差別事件に関する意見書——同一価値労働同一賃金原則の観点から——」を執筆し、2001年1月に京都地裁に提出した。

「意見書」の目的は、同一価値労働同一賃金原則に則って、原告（《積算・検収（精算）》事務職）と比較対象S監督職の仕事を職務評価し、両者の職務の価値と、「文書提出命令」によって被告会社が開示した賃金台帳による両者の賃金額とを比較検討することであった。職務評価の方法は、カナダオンタリオ州のペイ・エクイティ法および実施の手順に基づいて行った。屋嘉比さんからの聞き取り（S監督職からは協力を得られなかった）と訴訟関係資料を精読して、二人の仕事を表1の《原告と比較対象S監督職の担当職務一覧》のように整理している。

その上で「原告と訴外Sの各職務の遂行の困難さにつき、その(ア)知識・技能(イ)責任(ウ)精神的な負担と疲労度を主な比較項目として検討するのに、職務の困難さにさほどの差はないもの、すなわち、その各職務の価値に格別の差はないものと認めるのが相当である」と判定したのである。

「意見書」は、上記判定の「証拠」の筆頭に採用されている。職務の困難さを測る「比較項目」には、職務評価ファクターの三項目が用いられた（なぜか(ウ)では「身体的」負担は不採用）。

そして①原告とS監督職は同期入社、ほぼ同年齢である、②会社の就業規則では、事務職と監督職は同じ事務職員に含まれている、③京ガスで

価値と、「文書提出命令」によって被告会社が開示した賃金台帳による両者の賃金額とを比較検討することであった。職務評価の方法は、カナダオンタリオ州のペイ・エクイティ法および実施の手順に基づいて行った。主要職務についての職務評価結果によれば、表3に掲載のように、原告の職務の価値は、S監督職に優るとも劣らないものである。にもかかわらず、賃金は監督職の70％しか支払われていない。

判決文は、本訴訟の「争点に対する判断」の項で、原告とSさんの「職務内容」「担当職務の名称と区分」をそのまま使用している。

「意見書」の中で私が最も力を注いだのは、原告屋嘉比さんの職務内容の記述である。その理由は、監督職のSさんの仕事が、「大阪ガス工事担当者や工事士との作業内容の打ち合わせ、ガス工事現場での立会い」など、ガス工事に関する専門的知識や技能を要する職務であることが一目瞭然であるのに対し、社内で原告が行う「入札工事の積算業務や工事終了後の検収（精算）」業務は、職務の過度の複雑さと相まってその専門性は見えにくいからである。現に会社側は、裁判を通じて一貫して、事務職である原告の仕事は「根気と馴れと一定の注意力は要するが、難易度の高いものはなく、部長と監督の指示にもとづく集計、転記、清書業務」であると主張している。

「意見書」で二番目に熟慮したのは、このような内容を持つ《積算・検収》事務職と監督職の職務を公正に評価できる職務評価ファクターの設定であった。最終的に、表2に掲載の《職務評価ファクターとウェイト》（2段階）を用いた。「b．製図に関する知識・技能」（2段階）以外は評価レベルは3段階である。

は、女性社員である原告は、意欲や能力に関わりなく監督になることができる状況になかった、④各職務の価値に格別の差はないと認めるのが相当である、ことからすると両者の賃金格差は女性差別によるものであると断じたのである。本判決が、その根拠にペイ・エクイティ（同一価値労働同一賃金原則）を採用したことは明らかであろう。

日本の同一価値労働同一賃金原則の実践を進める上で、「京ガス事件地裁判決」の意義は大きいが、同一価値労働に「8割5分」の賃金評価しか認めないという問題点をもっている。「判決」は、「賃金の決定要素」は職務の価値だけではなく、「個人の能力、勤務成績等諸般の事情も大きく考慮されるものである」と述べる。原告による「その点」の立証が不十分であるゆえ、原告の同一価値労働に支払われるべき賃金額は「控えめに算出」してS監督職の「概ね8割5分に相当する」と結論づけている。

２００１年９月26日、被告会社京ガスは控訴した。舞台を大阪高裁に移して本訴訟は、いまもなお継続している。

京ガス男女賃金差別事件でのペイ・エクイティ実践は、同一価値労働同一賃金原則の男性正規労働者と女性正規労働者の仕事への適用の事例であるが、これが正規労働者とパート労働者間への適用であっても、職務評価の手法等は何ら変わりはない。

冒頭述べたように、女性「非正規」が「正規」を超えた今日こそ、「パート」も「正規」も同一価値労働に同一賃金を要求するペイ・エクイティ運動の輪を拡げることが求められている。均等待遇のキーワードは「同一価値労働同一賃金原則」である。

京ガス男女賃金差別事件における職務評価

表１　原告と比較対象S監督職の担当職務一覧

屋嘉比（積算・検収担当）事務職

【I.積算業務】
1. 積算・見積等の作成
2. 施工数量表の作成

【II.検収（精算）業務】
3. 写真のチェック
4. 竣工図面（出来型図面）の作成
5. 施工報告書等の作成
6. 工事精算実績書・見積書の作成
7. 別途見積書の作成
8. 供給管工事の検収業務
9. MACS入力・管理者決済

【III.大阪ガスとの連絡・折衝業務】
10. 大阪ガスとの連絡・折衝
11. 大阪ガス検収会議等への出席

【IV.その他の業務】
12. 各種書類の作成
13. 苦情への応対

S監督職（ガス工事）

【I.施工前業務】
1. 資料等による事前調査
2. 大阪ガス工事担当者・他工事会社・官公署との打ち合わせ
3. 現場調査
4. 地域でのPR（ピーアール）

【II.工程管理】
5. 施工班等の手配
6. 材料の調達
7. 工事士との作業内容の打ち合わせ
8. 現場での立ち会い
9. 資材置き場・残土処分地の確保
10. 苦情処理

【III.現場間の移動】
11. 現場間の移動・大阪ガス等への書類の提出

【IV.書類の作成】
12. 大阪ガスへの提出書類の作成
13. 工事出来型図の作成

【V.会議への出席】
14. 監督者会議等への出席

【VI.資格取得への指導】
15. 資格取得への指導

【VII.その他の業務】
16. 大阪ガスの現場パトロールに随行

表２　職務評価ファクターとウエイト

1.知識・技能	40%	3.精神的・身体的な負担と疲労度	30%
a. ガス工事に関する知識・技能	12%	h. 注意力・集中力	12%
b. 製図に関する知識・技能	6%	i. 身体的な負担・疲労度	12%
c. コンピューター操作技能	4%	j. 締切期限によるストレス	6%
d. 対人折衝技能	6%	4.労働環境	15%
e. 問題解決力	12%	k. 自然的・物理的な環境	12%
2.責任	15%	l. 労働時間の不規則性	3%
f. 業務に対する責任	9%		
g. 利益目標に対する責任	6%		

注　「b.製図に関する知識・技能」（二段階）以外は評価レベルは三段階である。

表３　S監督職と原告屋嘉比ふみ子〈積算・検収〉事務職の職務評価結果

・職務の価値と比率
S監督職780点：屋嘉比ふみ子〈積算・検収〉事務職838点＝100：107

・基本給と役職手当の合計の年収（月給および賞与）比率
S監督職6,207,300円：屋嘉比ふみ子〈積算・検収〉事務職4,351,140円＝100：70

資料　森ます美「京ガス男女賃金差別事件に関する意見書―同一価値労働同一賃金原則の観点から―」。

株式会社資生堂CSR部　次長　山極　清子

混迷する日本経済の不振と、社会の閉塞感を打開するには、「男女共同参画の実現」という切り札があります。女性が活躍できる社会には活気が生まれ、ひいては男性も元気にし、社会総体にエネルギーが満ちあふれてくるでしょう。そのためには、企業風土や職場環境、社会意識をつくることが不可欠です。本稿では、具体的な目標となるポジティブ・アクションに焦点を当て、資生堂の豊富な事例をもとに、企業の新しい成長の可能性を探ってみましょう。

男女ともにパワーを発揮できる

最も有力なソリューソンは、男女共同参画の実現である。

生活当事者として社会的・経済的なあらゆる意味を集約すると、「男女共同参画」という課題に行き着く。新世紀の社会を決定づける最重要課題は、男女共同参画社会の実現にある。

社会のあらゆる分野において男女協働が実体化することにより、多様性を受け入れた成熟した社会が手元に引き寄せられることだろう。

この課題は、なぜ企業は存在するのか、この本質的な意味を問い返し、改めて企業の社会的役割を見つめ直すことでもある。

混迷する日本経済の不振と社会の閉塞感を打開する「社会的な解」、あらゆる分野で新しい希望、清新なエネルギーを引き出す最も有力な「ソリューソン」は「男女共同参画の実現」である。

本稿では、男女共同参画社会の「夢」のある現実にこだわってみたいものだ。多様性は活力の源泉だ。女性が活躍できれば、社会に活気を与え、ひいては男性も元気にし、社会総体に活力が生まれる。

厳しい経済競争環境にあるからこそ、女性のパワーを企業の活力に変え、その能力を最大限発揮することは企業の持続的な発展のために必要な投資であり、社会的責任でもある。そのためには、根強い性別役割分担意識を払拭し、やりがいのある仕事と生きがいのある個人生活をバランスよく発展させるワーク・ライフ・バランスの取れた男女協働参画を推進できる企業風土や職場環境、社会意識をつくっていくことが不可欠である。

そのための一助として、男女共同参画の具体的な現実目標となるポジティブ・アクションに焦点をあて、なかでも当社の実践的事例を引き合い、その有用な社会的な意味合いを深めてみよう。これをもってこれからの企業の「夢」にふさわしい意義ある21世紀の社会デザインとなれば幸いである。

人材への投資と考え、二本柱の対策が基本となる。

ポジティブ・アクションは、女性の能力向上と性差別のない公平な評価を通じて、男女が協働する土壌を掘り起し、全ての社員が能力を高め、それを十分に発揮することにより、企業の成長に結びつくことを目的とするものである。女性だけに限定された企業成長と無縁の特異な内容を意味せず、ましてや意欲・能力のない女性を優遇するものでは決してない。

つまり、ポジティブ・アクションは、企業に余計なコスト負担になるものではなく、研修と同じく「人材への投資」である。

ポジティブ・アクションには次の二本柱の対策が必要と考える。一つは、女性の管理職への登用、二つには、子育て中の男女社員の「仕事と子育て

positive action ポジティブ・アクション

21世紀の社会をデザインする

て、いま以上に経済的利益と精神的満足感を得ることができるようになる。とりわけ、女性の継続就業は、生涯賃金と呼べる金額を手にすることになり、年金保険や医療保険、自己名義の財産の確保に結びつく。それだけ自分本位の人生を歩む精神的な自由を手にすることになる。

一方、ややもすると、男性からは、女性を優遇するものではないかという反発や、自分たちの利益が犯されるのではないかという危惧が持たれる。また、企業からは、コスト増を招くものではないかという消極的な受け止め方をされることがある。

しかしながら、ポジティブ・アクションは、女性のためばかりでなく、男性のためにも、企業のためにも、さらには、社会全体のためにもなるものである。それだけに、その有意義な内容が広く理解される必要があろう。

【男性のため】

女性であるからという理由で、能力が劣るかのように女性を登用するというようなやり方は、男性には支持されないのは当然である。そのようなことではなく、政府や企業が取り組むべきことは女性にも能力向上の機会を十分与えること、また、公平な評価システムに基づき公平な処遇をすること、である。女性に拓かれた能力向上の機会の付与や公平な処遇は、公平・公正なシステムの徹底

の両立支援」である。

その際、企業トップのコミットメントとその積極さを示す社内体制の設置が有効であり、ポジティブ・アクションの有効性を社員全員が共有でき、また、進捗状況が評価できる、具体的な目標を掲げることが望ましい。

すでに企業によっては、ポジティブ・アクションを経営・人事戦略として位置づけ、そのための計画（具体的目標と達成時期を示すもの）を策定し、社内において特別な推進体制を設けているところも出てきた。

このような企業の努力を称えるため、1999年から厚生労働大臣または都道府県労働局長が、「均等推進企業」を表彰している。資生堂が2000年度に労働大臣努力賞、2004年度においては国内で2番目の厚生労働大臣最優良賞を受賞（P16参照）したことは、企業努力の成果が認められたことであり、喜びでもある。

ただ、十分には社内目標に到達していないことから、この受賞を、文字通り男女が協働する会社としてその実体を創り出すための「励み」としたい。

● 女性のためだけでなく、男性・企業・社会にも…。

女性が男性と同じように職場で能力を発揮できるように支援することにより、女性は生涯を通じ

を意味することになるから、意欲と能力のある男性にとっても必要なことだ。男女社員の対等性のある関係性が確立され、新しい発想を持ち込む意欲ある女性との協働は、互いにとり働きやすく大きな成果を残せることは自明のことでもある。

---

positive action
ポジティブ・アクションとは？

　女性の能力発揮・促進のための「積極的な取組」を言います。ポジティブ・アクションは「積極的改善措置」と訳され、アファーマティブ・アクション（affirmative・action）と同義です。

　女性が職場において能力を発揮するには、男女雇用機会均等法や育児・介護休業法、労働基準法などの法律だけでは、とても十分とは言えません。

　ポジティブ・アクションは、社会的・構造的な差別によって、不利益を被っているグループ（女性・少数民族・障害者など）に対して、実質的な機会均等を確保する措置（差別解消までの暫定的なもの）です。

　具体例としては「クォータ（割り当て）制」が挙げられます。これは、公的な方針決定機関や、選挙比例名簿で、一方の性に偏ることのないよう、一定の数値枠を設定したものです。ノルウェーでは、育児休業制度を父親だけに割り当てた「パパ・クォータ制度」もあります。

また、働く男女の育児との両立支援の課題は、ワーク・ライフ・バランスの確保が求められる。このコンセプトの方が、老若男女に、未婚・既婚を問わず、支持されるものである。ライフを楽しむゆとりは、男性社員に子どもと過ごす貴重な時間を与え、つながりを実感できる家族を見直すことになり、家事技術の習得や地域人とのつながりは、20年近くを地域で過ごす自らの老後のリスクを回避することにもつながるに違いない。

【企業のため】

企業に求めていることは、性別によらず、能力に応じて公平に処遇することであり、能力の無い女性の優遇を意味せず、コスト増に結びつくことはない。逆に、女性の能力が十分に発揮されていないとすれば、企業にとっては損失である。

㈶21世紀職業財団が２００３年に実施した調査結果からは、女性社員の活躍の程度と企業業績とは正の相関関係がある。たとえば、「5年前と比較して女性管理職がどの程度増えたか」と、「5年前と比較した売り上げ指数」を見ると、女性管理職が「現状維持」の企業では売り上げ指数は１０３、「やや増えた」では１１１、「大幅に増えた」では１７４、となっている。さらには、２００３年に発表された経産省男女共同参画研究会報告「女性の活躍と企業実績」によれば、女性が活躍でき、経営成果も良好な優良企業の特徴としては、「男女勤続年数格差が小さい」「女性管理職率が高い」ということが報告されている。

グローバル化の下で企業は厳しい競争環境にいるが、その中で企業が生き残るためには、変化する環境に対応して新しい価値を商品やサービスに付加しなければならない。新しい価値を生み出すためには、多様な価値観や経験を持つ社員が活躍すること、いわゆる「ダイバーシティ・マネジメント」が不可欠である。男性だけが活躍している企業と男女が共に活躍する企業とではどちらが新しい価値を生み出すことができるかの答えは明らかである。

【社会のため】

男女共同参加社会づくりは、日本の今世紀の最大課題である。家庭、地域、経済活動、政治など、生活のすべての分野で男女が共に参画し、共に責任を分かち合うことにより、日本をさらに活力と余裕のある社会にする取り組みである。

女性の持続的な継続就業は、一方で経済活動への女性のさらなる参画問題であり、他方で男性の家庭や地域へ参画問題であり、男女共同参画社会づくりという課題の中心的テーマである。

女性の継続就業は少子化対策と実に深い関係がある。一般に女性の職場進出が進み過ぎると子どもが生まれなくなるという意見もある。

しかし、子育て期の女性の労働力率が高い国ほど出生率が高いことを見れば、このような意見が間違いであることがわかる。継続就業を可能にする仕事と子育ての両立支援こそが、少子化の流れを変えるため基本であり、子どもを生み育てる環境を整備するためにも必要な対策である。また、少子化の結果到来するであろう労働力不足に対応するためには、壮健男性だけでなく老若男女が社会を支える側に立つためにも、両立支援は有効性がある。

経営・人事戦略として位置づけ、企業組織を活性化する。

資生堂にとって、社員は、お客様・取引先・株主・社会と並ぶ重要なステークホルダーであり、社員一人ひとりが資生堂の「財産」になってこそ人間性や文化性を標榜する企業の自己証明となる。言い換えれば、資生堂で働くことが多くを学び、自己が育つ職場である、と社員が実感できる会社になっているということである。

この点を包括的に盛り込んだ人事政策の基本は、「企業行動宣言」の中で明確にしている。今日、この基本方針の実現に向け、すべての社員が気持ちよく働けるよう、人権を尊重しながら、一人ひとりがその能力を最大限に発揮できる健全な職場環境をつくり、新しい価値の創造をめざし、多様で独創的な人材の確保・育成、公正な評価の追及し、自己充足できる職場づくりに努めているところである。

こうした人事方針を土台に、これを進化させるところに、資生堂のポジティブ・アクションは位置づけられている。特に、ポジティブ・アクションを必要とした資生堂固有の二つの背景があった。一つは、当社は非常に女性の多い企業だということである。株式会社資生堂の社員に限ると女性は4割だが、国内の資生堂グループ社員数約１５０００名（嘱託、雇員、関係会社採用社員及びパート・アルバイトを除く）では7割が女性である。また、販売商品の9割が女性向けであることからも、女性の活躍は当社の企業活動を決定的に左右するものであると言える。さらに、社員の年齢構成を見ると現在は団塊の世代、つまり男性構成比率の約4割を占めている50代の男性が、60歳の定年を迎える約10年後に、その後を支えるのは人員構成比上女性となる。キャリア形成や人材育成にはそれなりの年月が必要で、そのときになって人材育成しようとしても間に合わないから、持続可能な成長を図るには今から女性が活躍できるような新しい企業文化を創りだす必要があった。

背景の2つは、1998年に実施したステークホルダー指標の社員調査結果において、会社に対する女性の満足度は、男性に比べて数パーセント低かったのである。

　他方で、肝心の「女性の満足度が低い」理由を詳しくヒアリング等を実施したところ、当社の社員は性別による役割分担意識があることが明らかになった。

　社員の中に女性と男性の違いを必要以上に強調し、「女性に責任のある仕事は任せられない」や、「女性だから、この程度の仕事がラクでいい」等、役割を性別で分けたりする「ジェンダー（性別役割）意識」が男女双方に働いているということが浮き彫りになった。仮に制度面での均等扱いを推進しても、こうした性別役割意識が、女性の能力発揮の阻害要因になると考え、2000年1月社内にプロジェクトをスタートさせ、具体的推進を担う機能として、同年6月に推進事務局を設置した。

　資生堂のジェンダーフリーとは、「女性も男性も、みんなが共に『自分らしさ』を発揮する職場にしよう」という意識と行動の改革のことである。社員一人ひとりが強み、能力、個性を十分に発揮し、生き生き働くことが、企業組織を活性化させる。多様性が活力の源泉とするダイバーシティ経営戦略が結果的にお客様や取引先、株主、社会のステークホルダーに支持される「価値創造企業」に発展することにつながるものと確信から、ジェンダーフリーを経営改革の課題とした。

男女が共に「自分らしさ」を発揮する職場実現への5つの包括的目標とは？

　さて、ジェンダーフリーを実質化するポジティブ・アクションの5つの包括的目標を設定した。

　まず第一に、資生堂グループ全体が、男性も女性も、共に〝自分らしさ〟を発揮できる職場になるよう、この考えの早期社内定着を図ることである。

　具体的には、(a)役員ならびに全社員を対象に、男女とも活躍できる職場づくりのための独自研修を開催し続けてきた。(b)男女の性別役割分担に関する考え方や行動指針をまとめた『ジェンダーフリーＢｏｏｋ』を2000年から2002年まで毎年作成し、全従業員に配布した。また、社内イントラネット上にホームページを設置し、社員が共有できるものとした。(c)ポスターを作成し、全事業所に掲示するといった情報発信に努めた。その際、それぞれの相乗効果が発揮できるタイミングを選んで計画的に行ってきた。

　第二の目標は、組織マネジメントのキーパーソンである男性管理職の意識と行動の改革である。既存の管理職研修の機会をとらえて「能力のある女性には難易度の高い業務を積極的に与えていくこと」「評価基準に照らした公正な評価を行うこと」「十分な面接等を通して女性社員の評価に対する納得性を高めること」など、改善の要請をしている。また、2002年に新人事制度を導入し、それに伴う評価者研修を、管理職約1000人を対象に実施したが、ここでもケーススタディー等を取り入れ、ジェンダーによる評価についての「気づき」や改善意識を高めるカリキュラムを設けた。

　第三の目標は、女性社員自身の意識改革である。女性管理職を育成するという意図もあって、2000年から女性を対象とした教育・啓発機会として「女性のためのステップアップフォーラム」を開催し、2002年度からは、その内容を一歩進め、マネジメントスキルの開発・向上をねらいとした研修内容にパワーアップさせた。この「パワーアップ研修」は、「管理職登用に向けての育成」に焦点を絞り、次のような目的を定めた。

①マネジメントに必要な知識・スキルを提供する
②自分の強み、自分らしさを活かしたマネジメントについて考え、ビジョンを設定する
③社内外の先輩管理職の経験談や受講者相互の交流を通じて、管理職に向けての意識づけを図る
④受講者間ネットワークづくりを促す

　なお、集合研修だけではなく、対象者はその前後に通信教育も受講してもらい、さらに、受講者一人ひとりについて、直属上司と人事部が継続的にフォローを行っている。

　第四の目標は、こうした目標達成のプロセスを大事にしながら、女性社員の管理職への公正で積極的な登用である。現在、管理職に占める女性比率は10%程度だが、人材育成を続けることで間違いなく増加すると考えている。

　第五の目標は、ポジティブ・アクションに命を吹き込むための人事制度の改革にある。当社は1

９７９年当時においては先進的と言われた「職能資格制度」を導入し、これを処遇の根幹として人事管理を行ってきた。しかし、グローバル化が進展し、世界の競業他社との厳しい競争にさらされる中にあってこの職能資格制度は男性を主軸に置くものであり、ましてや男女共同参画を標榜する現在において女性社員のモチベーションを下げるばかりか、能力発揮の足かせとなってしまった。

資生堂に固有の「女性が7割」という現状を踏まえ、「男女共に一人ひとりが切磋琢磨し、これまで以上に成果を出す必要がある」との問題認識から、処遇の枠組みを今日的なものに切り替え、組織の活性化を図ることとした。

一般社員の新人事制度は、「男女社員一人ひとりの活動目標の明確化を図り、その成果に至る過程での行動・発揮能力を適正に評価し、成果をあげた社員により多く報いていくこと」を大前提としている。

改革のポイントは、一人ひとりの目標は何か、どうすれば評価されるのかを明確にし、処遇にメリハリをつけることにあった。

ただし、管理職に「成果主義」の考え方を徹底したのに対し、一般社員については、成果と共に、成果に至るプロセスにも目を配り、これを評価し、人材育成を図りながら活力を高めていこうとした点に、人事制度改革の特徴がある。

また、女性社員が大半を占めていた事業所限定職についても能力を発揮したくても発揮できない定型業務に就いていては、「会社における自分の将来が見えない」といった不安や、「事業所限定職だから、事務だけやっていればいい」という考えから抜け出し、キャリアアップの機会をつくり、能力を最大限に発揮してもらう必要から、従来、総合職と事業所限定職（他企業では一般職と呼んでいる）などからなる「コース別雇用管理」の管理を廃止し、仕事の与え方の差をなくす一方で、今後は、各分野のプロを育成していくこととした。

女性の勤続年数が伸び、管理職登用も増えつつある。

以上、ポジティブ・アクションの推進における現時点の成果は、次のようにまとめることができよう。

①女性の平均勤続年数は、２００４年４月現在、グループ全体14・4年、資生堂単体18・5年と伸長しており、日本女性の平均勤続年数９・０年に比較すると、2倍以上も長く、男性のそれにも近づいている。（男性社員グループ全体23・0年、資生堂単体20・8年）

②仕事と結婚・子育ての両立が当たり前という企業風土になってきている

③女子大生の就業を希望する会社として人気を集めており、実際、優秀な女子大生の応募が増加している

④「女性も男性も自分らしさを発揮できる職場になってきた」と回答した社員が、60％を超した

これらの取り組みの結果、営業職の女性比率は、２００２年度の29・4％から２００４年度は43・6％に上昇した。さらには、参事及び部長クラスの女性比率もそれぞれ上昇し、15・6％、6・2％となっている。２００４年4月現在、支社長、営業本部長に女性5名が登用されている。

独自の育児・介護制度など、労働環境整備にも乗り出す。

「男女協働による活力」を引き出すには仕事と家庭の両立が欠かせないとの基本認識から、そのための労働環境整備については早くから取り組んできた。

具体的には、１９８８年にフレックスタイムを導入した。それぞれのライフスタイルに合わせた勤務である。導入して間もなく、ある女性社員から当時の社長宛に次のような手紙が来た。「フレックスタイムを導入していただいて、小学生の子どもと一緒に朝飯を共にすることができるようになりました。これほどいい会社だとは思いませんでした」というような内容であった。フレックスタイムはそのために実施したわけではないが、社員にもそれぞれの生活があり、各自のライフスタイルに応じて力を発揮できるようにと思ってはじめたところ、そのような意見も来るようになった。

１９９０年に「育児休業制度」、育児休業制度は子どもが満3歳になるまで本人が希望する期間取得でき、2回以上取得する場合は通算5年まで取得可能である。しかし、残念ながら、男性の育児休業者は一人のみである。

続く１９９１年に「育児時間制度」を導入した。育児時間制度は、子どもが小学校に入学するまで、1日2時間まで取得できる。

１９９３年には「介護休業制度」を導入した。1回につき1年以内、通算で3年まで何回でも取得できる。介護時間制度は1日2時間まで、1回につき1年以内、通算3年以内取得できるというものである。

さらには、育児休業者３００名の声を収集して、２００２年から育児休業者支援プログラム「ｗｉｗｉｗ（ウィウィ）」を開始した。

これは、インターネットを通じて、育児休業者が必要な育児支援や職場復帰に向けたビジネススキル向上のための講座などを提供する、自宅にいながらにして取得できる育児休業者支援システムである。育児休業取得者は、その間に会社の事情に疎くなって、復帰してくると何をしていいかわからない、あるいは、会社の状況はどう変わっているかわからないという不安がある。

このように「wiwiw」は本人と会社双方を考慮したシステムになっている。育児休業者だけではなく、企業にとっても優秀な人材の長期確保につながるといったメリットがある。このシステムを他の企業向けにも販売し、2004年9月末現在68企業が導入している。次世代育児支援のための行動計画策定が義務化されたことから、「wiwiw」を導入する企業が増加してきている。

2003年9月には、働きながら子育てをしている従業員向けに、「カンガルーム汐留」という、待機児童の多い都市部の汐留エリアにて事業所内保育所を設置した。

21世紀職業財団からの事業所内託児施設助成金を活用し、汐留の近くにオフィスを持つニチレイ、日本アイ・ビー・エム、電通等男女共同参画の趣旨に賛同する企業の従業員の方にも一部を開放して、質の高い保育をめざしているところである。

2004年2月に主要企業約30数社に働きかけて、「ワーク・ライフ・バランス塾」を開講し、本年4月からスタートした。企業間同士の相互に経験を学びあいながら、次世代育成支援対策推進法に基づく行動計画作りを行うなど、広い意味でのワーク・ライフ・バランス支援を推進することとなった。

仕事と家庭の両立支援にかかわる取組み

1988年	フレックスタイム制を導入
1990年	育児休業制度を導入
1991年	育児時間制度を導入
1993年	介護休業制度を導入
2002年	育児休業者支援プログラム「wiwiw(ウィウィ)」を開始
2003年	従業員向けの事業所内保育所「カンガルーム汐留」を設置
2004年	主要企業30社を対象に「ワーク・ライフ・バランス塾」を開講

新しい働き方を、多彩にデザインするという考え方。

記述したように、2000年からポジティブ・アクションを実施し、社員の意識変革、制度・処遇面の改革などさまざまな活動を行ってきた。しかしながら、ポジティブ・アクションの目標そのものを全社員が共有したとは言えない。

女性管理職比率は、2004年4月1日時点10.4%で、日本の女性管理職比率を少し上回る程度である。この数値は社内の重要な意思決定への参画率が低いことを意味している。

また、女性の活躍を阻んできた最も大きな要因は、「仕事と出産・育児との両立問題」である。育児休業の取得者は資生堂グループ全体で357名、育児時間は340名と年々増加しているものの、特に店頭に働く美容職は取りにくいのが現状である。

当社における女性社員の活躍を促進するためには、利用当事者である女性社員の意識改革はもとより、支援体制の強化が欠かせない課題である。

仕事と子育ての両立ができる職場を実現するためには、「ファミリー・フレンドリー」というコンセプトにとどまらず、「ワーク・ライフ・バランス」という包括的なコンセプトの提案が社内のコンセンサスを得やすいと考えた。

仕事とそれ以外の家庭生活、地域活動等のバランスが図れるような新しい働き方を多彩にデザインする。つまり、「ファミリー・フレンドリー」は育児期の社員だけの利益にとどまるが、「ワーク・ライフ・バランス」は、老若男女、既婚未婚を問わず全ての社員の利益にかなう普遍性が高い課題である。ワーク・ライフ・バランスの実現のためには、肝心な男女の賃金格差の是正とともに、時間外労働の削減、年次有給休暇の権利行使、フレックスタイム制度、短時間勤務、在宅勤務など、多様で柔軟な働き方の選択ができることが求められる。

第二次ポジティブ・アクションへ、さあ始動！

新しい課題を受け、社長の2004年度の経営方針において、「管理職の3割を女性に」という数値目標が掲げられ、同年4月に社長直轄部門であるCSR部（Corporate Social Responsibility）が新設された。

今日、企業の社会的責任は企業活動そのものであり、企業価値の持続・向上には、環境への負荷の軽減、法令順守の徹底などと共に、男女共同参画社会づくりが急がれる。

当社では、企業行動とステークホルダーの関係性をより高いレベルで調和・融合させる活動の有力な柱として男女共同参画を位置づけた。ワーク・ライフ・バランス支援を含む女性社員の活躍支援のための行動計画、つまり、第二次ポジティブ・アクションの策定がこれである。

この結果、「女性の活躍」を梃子にして、男女が協働して企業成果を上げる新しい経営改革に踏み出すことになる。同時に、このことはすべての社員が生涯を通じて、職業生活と社会生活の両立を促すことにつながる。

こうしたところに企業の存在価値があるのである。

平等の中身を問い直し

一橋大学専任講師　相澤 美智子

男女雇用機会均等法制定から早くも20年が過ぎ、女性の勤続年数は伸び、職域も広がってきました。しかし、その実態を見ると、男性が決して遭遇することがない、女性特有の悩みを抱えているケースが多いようです。99年に均等法改正が行われましたが、いま、さらなる改正が叫ばれています。特に、セクシャル・ハラスメントの防止強化、ポジティブ・アクションの強化、間接差別禁止規定の導入は、何としても盛り込みたい課題です。

PROLOGUE

「平等は空洞である」。したがって、その中身と実現方法は私たちが創造するものだ。

我々が、男女雇用機会均等法（以下、均等法）によって実現しようとしている状態はどのようなものなのだろうか。当然に男女雇用平等だという答えが返ってきそうである。しかし、雇用における「平等」とはどういう状態を言うのだろうか。本質的に、平等は絶対的に定義されるものではない。それゆえに、平等の達成方法も一義的に決定されない。本来、平等は空洞なのである。

平等は空洞であるとは、逆に言えば、平等の中身とその実現方法は、我々自身が創造していくことができるということでもある。もちろん、それが容易でないのは言うまでもないが、本稿の目的は、多数の人が納得できる規範としての平等概念の構築と、その達成に寄与しうる均等法の姿を展望することにある。

1985年に男女雇用機会均等法（以下、均等法）が最初に制定されてから、20年近くが経過した。この20年間、職業生活を通しての女性の自己実現願望は確実に向上し、徐々にではあるが、女性の勤続年数は伸びて、職域も拡大してきた。その一方で、女性の就労率を年齢別に見たグラフは、依然としていわゆるM字型を描いており、日本の女性の多くが職業生活途上で妊娠・出産および家事・育児等を理由に、職業生活を中断ないし断念していることがわかる。また、管理職等に占める女性の割合は、わずか7・8％にとどまっており、女性労働者の多くが職業生活途上において、男性労働者の多くが遭遇しない障害に遭遇し、男性と同様に自らの職業能力を発揮する機会を得られなかったり、能力を正当に評価されなかったりしていることがうかがえる。

女性労働者がぶつかる障害としては、先に挙げた家族的責任に加えて、女性であることを理由とする差別やセクシャル・ハラスメントなどを挙げることができよう。家族的責任の負担や差別に耐えかねて職業生活を中断する女性が、再就職を希望する場合に、彼女らに開かれている機会は、多くの場合パートタイム労働である。パートタイム労働は、その労働条件が極端に低く、またその大半が女性によって担われてきていることから、深刻な女性労働問題として指摘されてきた。

こうした様々に困難な雇用の現実と、今後の均等法改正とについて思いをめぐらすとき、改めて平等は空洞であるということの本質と、それゆえにどのような平等をどのように実現するのかという難しい問いと向き合わざるをえない。というのも、第一に、女性たちから生じる「平等」要求は、一枚岩的なものではなくなっているからである。女性たちの多くは、差別のない職場で職業能力を発揮し、それを正当に評価されて、就労を継続することを望んでいる。彼女たちにとっては、募

男女雇用機会均等法改正

一切の片面性を解消していきたい

集・採用、配置・昇進における差別の解消や、セクシャル・ハラスメントからの解放が「平等」要求の中心的中身となる。しかし、出産・育児等を契機として離職する者の中には、再就職に際して積極的に短時間労働を希望する者と、フルタイムでの再就職を希望しても、社会的なハードルによりそれが困難であり、不本意にパートタイム労働を選択する者とが現れる。後者の「平等」要求には、当然に、フルタイム労働への再就職を困難にしている社会的なハードルの除去が含まれるし、両者に共通の「平等」要求としては、パートタイム労働者という身分ではなく、従事している職務によって報酬が決定されてしかるべきであるという要求が出てくる。

次に、女性たちが発する「平等」要求の中には、誰にとってもわかりやすく、規範として定着しているものとそうでないものが存在している。たとえば、彼女らの男女「平等」要求の一つにセクシャル・ハラスメントのない職場で働きたいという要求が存在する。これなどは誰が聞いても比較的わかりやすい要求である。しかし、たとえば、女性が大半を担っているパートタイム労働につき、パートタイム労働者とフルタイム労働者は同一または類似の仕事をしている限りにおいては「平等」に取り扱われるべきであり、したがって時間当たりの賃金は同一であってしかるべきであるという要求は、誰がそれを聞くかによって、賛否の分かれるところであろう。このように考えてくると、規範として十分に定着していない「平等」の中身については、それが「平等」の中身になりうるのだというコンセンサスづくりが必要であることを痛感する。

その一方で、誰が聞いてもわかりやすい、規範としては定着をみた「平等」の中身についても、その実現には工夫がいる場合があるということも強調されるべきだと考える。たとえば、今日、募集・採用、配置・昇進において男女が平等に取り扱われるべきだという規範に異論を挟む者はほとんどいないと思われるが、形式的に門戸が開かれているということだけでは、なかなか平等が達成されない。なぜならば、後から触れるように、平等の実現を阻害する要因は様々なところに存在しているからである。したがって、平等の実現過程においては、機会が形式的に保障されているというだけでなく、実質的にも保障されるような方法が必要とされる。

以上のような「平等」に関する考察を踏まえると、均等法改正の方向性としては、まず、その名称を男女雇用機会均等法から男女雇用平等法に変更すること、その上でいっさいの片面性を解消す

M字型曲線とは？

日本における女性(15歳以上)の、年齢階層別労働力率をグラフにした際に「M字型」を描くことから、女性労働者の働き方を言います。

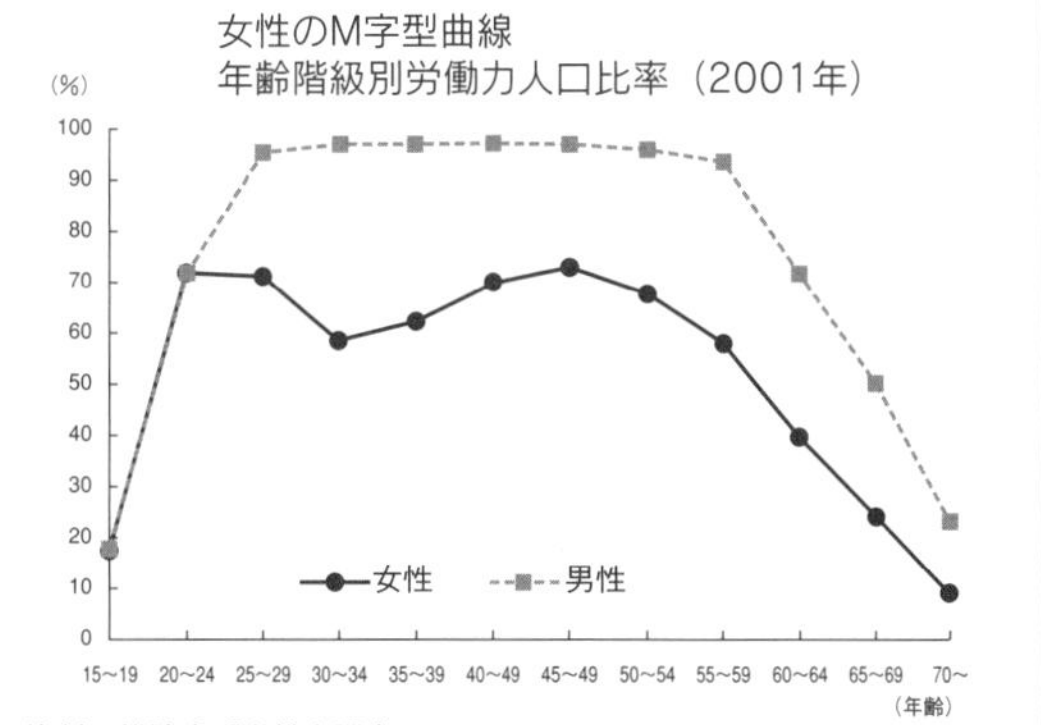

資料：総務省「労働力調査」

女性の労働力は、20～24歳でピークを迎え、30代前半(子育て期)に下降し、40代で第二のピークとなります。

1960年代後半から、このM字型曲線が見られるようになり、日本女性の働き方の特徴とされてきました。この現象は、女性の家事・育児の負担度が高いという「性別役割」の考え方が根強い証拠で、働き続けるための条件が整っていないことを意味しています。

北欧諸国やアメリカなど、保育施設の進んでいる国では「逆U字型」を描いています。日本でも、真の男女平等が達成できれば、M字型から逆U字型へと変わっていくことでしょう。その日は、近いのでしょうか?

ることが挙げられる。これは、２０００年に制定された男女共同参画社会基本法との整合性からも必要な改正である。この点を大前提に、以下では紙幅の関係上、とくに3つの点に絞って、均等法改正についての提言を行いたい。３つの点とは、⑴セクシャル・ハラスメントの防止強化、⑵ポジティブ・アクションの強化、⑶間接差別禁止規定の導入である。

PART-1 「セクシャル・ハラスメントの防止強化」には、事業主の徹底的な意識改革が必要である。

１９９７年に改正された均等法（以下、97年均等法）には、その21条1項に、「事業主は、職場において行われる性的な言動に対するその雇用する女性労働者の対応により当該女性労働者がその労働条件につき不利益を受け、又は当該性的な言動により当該女性労働者の就業環境が害されることのないよう雇用管理上必要な配慮をしなければならない」との規定が設けられ、セクシャル・ハラスメント（以下、セクハラ）防止に関する事業主の雇用管理上の配慮義務が定められた。また、同条2項は、厚生労働大臣がセクハラ防止に関する指針（以下、セクハラ指針）を定めることと規定している。セクハラ指針に示されている事業主の「雇用管理上配慮すべき事項」としては、①事業主の方針の明確化およびその周知・啓発、②相談・苦情への対応、③職場におけるセクシャアル・ハラスメントが生じた場合における事後の迅速かつ適切な対応がある。

厚生労働省から２００１年5月に発表された「平成13年度女性雇用管理基本調査」結果報告によれば、97年均等法施行後、セクハラ指針を受けてセクハラ防止のための周知活動を行っている事業主が相当数存在する一方で、特に取組みを行っていない事業所も35・6％存在することが明らかになった。

また、セクハラにかかわる相談・苦情の対応窓口設置状況については、44・0％に上る事業所が相談窓口を「設置していない」と回答した。

97年均等法の規定の配慮義務規程ゆえの不徹底さと、上記調査結果からは、均等法改正のポイントが自ずと浮かび上がってくる。第一に、現行法の下で事業主が負う配慮義務を強化し、事業主は「適切な措置を講じなければならない」と規定すべきである。

第二に、セクハラ防止のために適切な措置を講じない事業主は、厚生労働大臣による助言・指導・勧告の対象となること、厚生労働大臣の勧告にも従わない事業主に対しては制裁として企業名の公表が行われることを規定すべきである。第三に、セクハラに係る相談・苦情の申立を行った労働者につき、当該相談および申立を理由とする解雇その他の不利益取扱いを禁止すべきである。

セクハラそのものの定義については、現行法の下では「職場において行われる性的な言動」と定義され、指針において「職場」と「性的な言動」に絞りがかけられている。しかし、セクハラが被害者に対して与える心理的・精神的負担を考慮に入れると、指針を改正し、たとえば、「職場」には勤務時間終了後に上司と行った飲食店なども含まれることや、「性的な言動」には宴会の席で隣に座ったり、お酌を強要したりすることなども含まれることを書き加えるべきである。また、防止措置の対象となるセクハラは、女性労働者に対して行われるものに限定されず、男性労働者に対して行われるものも含まれることを指針に定めるべきである。

PART-2 「ポジティブ・アクションの強化」にあたっては、企業に実施を義務付け、データの蓄積を行わせる。

97年均等法の最大の成果と思われるのは、ポジティブ・アクションを講じようとする企業に対して、国が援助できるという規定を盛り込んだことである（同法20条）。当該規定を受けて、厚生労働省は「女性労働者の能力発揮促進のための企業の自主的取組に関するガイドライン」を策定し、企業における取組目標の見本となるものを示した。女性の採用拡大、女性の職域拡大、女性管理職の増加、女性の勤続年数の伸張（職業生活と家庭生活の両立）、職場環境・風土の改善という5つの目標からなる見本計画の特長は、企業内の事実上の男女格差を解消するための具体的取組みを「女性のみを対象とする又は女性を有利に取扱う取組」と「男女両方を対象とする取組」に分けているところにある 。日本に先駆けてポジティブ・アクションないしアファーマティブ・アクションを実施してきた欧米先進国の中には、ポジティブ・アクションの意味が、女性の優先登用、あるいはそれに限定されなくとも「女性のみを対象とする又は女性を有利に取扱う取組」と理解されてきた面がある。それを考えると、厚生労働省のガイドラインが「女性のみを対象とする、又は女性を有利に取扱う取組」に加えて「男女両方を対象とする取組」も掲げた点は、同ガイドラインの評価すべきところだといえる。男女の事実上の格差を解消するための取組みであれば、ポジティブ・アクションの具体的な形は柔軟で、独創的なものでよいからである。

97年均等法20条の規定は、ポジティブ・アクションの実施をもっぱら企業の自発性に委ねており、

男女雇用機会均等法改正

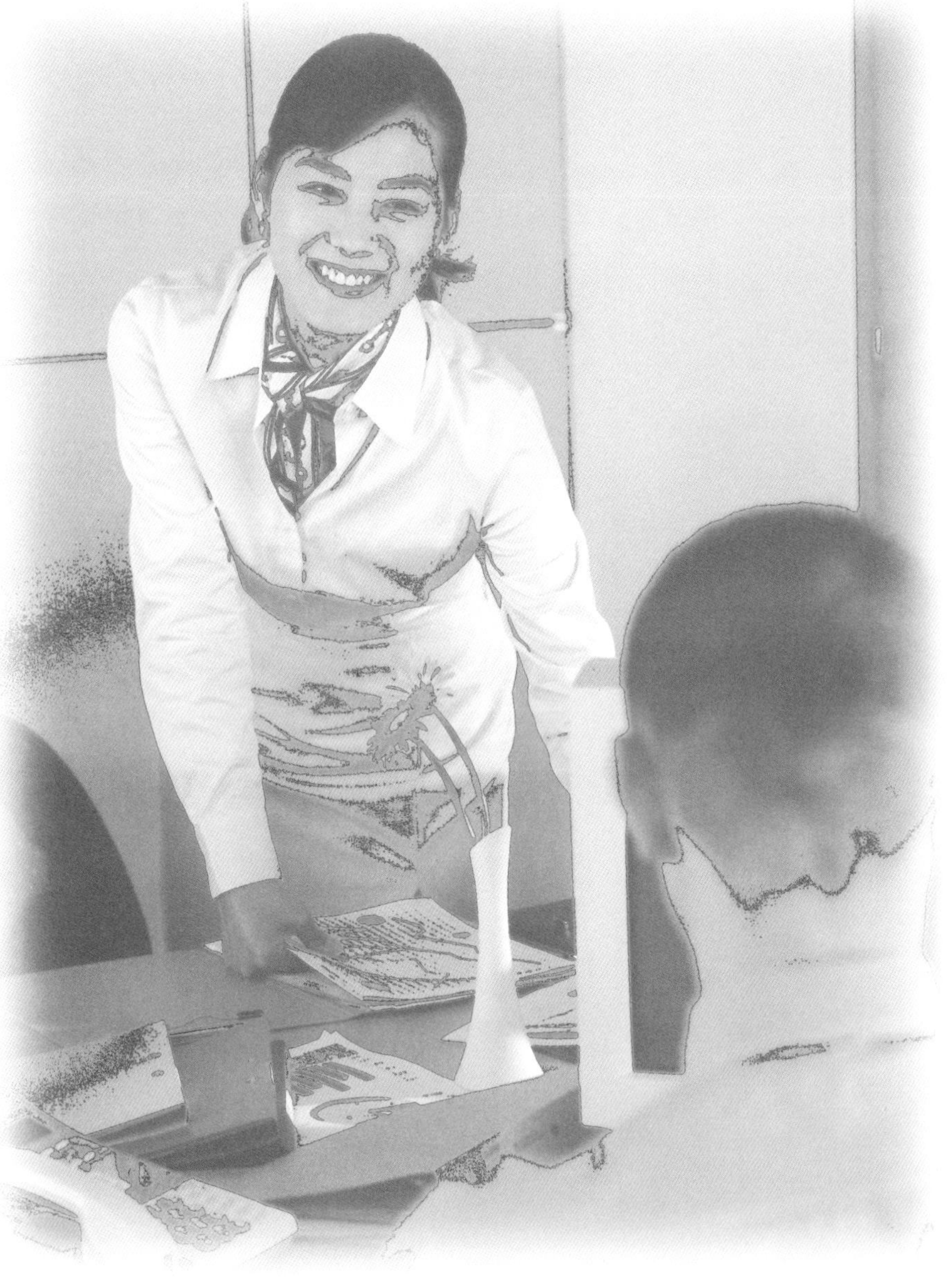

それを義務づけるにはいたっていない。次回の法改正においては、ポジティブ・アクションの実施を事業主に義務づけるべきである。具体的には計画の作成と実施状況の報告を義務づけ、実施を怠っている企業に対しては、勧告や制裁としての企業名公表などが行われることが規定されてよい。

ポジティブ・アクションの意義は、職場における女性の活用に関し各企業にデータの蓄積を行わせることによって、格差や見えにくい差別を可視化させ、それを通して、女性の活用に関する自主的な取組みを促し、均等法を真に実効性のあるものにすることにある。

なぜこのような措置が必要なのかと言えば、たとえば、女性の職域拡大や就労継続には家事・育児の負担等が障害になっているなど、労働者の性を直接の理由とする差別ばかりが職場における男女格差の原因ではないからである。また、社会心理学者が行った興味深い指摘によれば、女性自身は、女性は差別されることが多いと一般的には認識していても、自らが実際に差別を受けたときに、それを自覚できないことも多いという。差別されている者自身も差別を認知できないということは、是正への出発点も失われてしまうということである。

それゆえ、ポジティブ・アクションを通しての女性の活用に関するデータの蓄積は、差別の発見のために不可欠である。また、ポジティブ・アクションを通して、発見された差別の被害者に対してはその雇用継続を可能にしたり、職業的能力を培う機会を与えることができ、真に意味のある救済が可能となるのである。

PART-3 「間接差別禁止規定の導入」によって可能になるのは、コース別雇用管理の正当性の検討である。

間接差別とは、一般に、外見的には中立的な規定、基準、慣行等を男女に適用したとき、それを充足しうる一方の性の割合が他方の性の割合よりも相当程度小さく、その規定、基準、慣行等を適用することには職務との関連性があるなどの正当性を使用者の側で立証しえず、結果的にそれを充足しえない一方の性が不利益を被る場合を言う。

間接差別は、欧米では法律で禁じられているが、日本の均等法にはいまだこれを禁止する規定が存在しない。間接差別禁止規定を導入するか否かは、間違いなく次回の均等法改正の最大のポイントとなるであろうが、次回は是非とも間接差別を明文で禁止したいものである。

間接差別禁止規定が設けられた場合、どのようなことが起こるのか。たとえば、コース別の雇用管理を行っている企業では、総合職の大半は男性、一般職の大半は女性という構成になっているであろう。コース別というのは、明確な男女別の基準ではないため、性を理由とする差別（直接差別）であるとして問題にすることは難しい。

　しかし、連合が最近行った調査では、コース別雇用管理を行っている企業の約2割が、コースを設けていながら、職務内容の線引きは不明確であるという結果が出ている。総合職も一般職も同じような仕事をしているのである。しかし、賃金などの労働条件は一般職の方が低く、一般職の大半を占める女性という集団に不利益な結果をもたらしている。

　コースが異なっても、結果的に同じような仕事をさせている場合に、なおコースを設けることに正当性があるのか。間接差別禁止規定を導入することによって、一方のコースに女性が圧倒的に多く、また結果的に不利益を被っているという事実から、改めてコース設定の正当性を問い直していくことが可能となる。

　もっとも、結果的に相当数の女性が不利益を被っているということのみで即、間接差別が認定されるわけではない。もし、コースを存在させることにつき企業側に合理的な理由があれば、差別は認定されない。

　その意味で、間接差別概念は何もラディカルな概念ではなく、単に、これまで社会の中で当たり前とされてきた基準や慣行に合理性があるのか否かを検証し直すということなのである。合理性がないのにもかかわらず、それが一方の性に不利益をもたらしているだけなのであれば、そうした基準や慣行を排除していこうということであるので、間接差別禁止規定を導入することに企業側は何ら躊躇することはないと思う。

　間接差別禁止規定が導入された場合に、むしろ楽観的ではいられないのは労働者の方であると考える。労働者がある基準や慣行の間接差別性を問題にしても、その基準や慣行を設けることにつき使用者には合理性や正当性がないという判断が下されてはじめて、間接差別が認められる。間接差別が存在したか否かの結論は、誰が、どのような規範意識に基づいて合理性ないし正当性の判断を

行うのかによって変わってくるのである。

たとえば現在、女性がその大半を占めるパートタイム労働者の多くが、フルタイム労働者と類似の仕事をしているのに、賃金には不当な格差があるとの苛立ちを有しており、この問題を間接差別概念を用いて解決していけないかとの期待を寄せている。

賃金格差が圧倒的多数の女性に不利益をもたらしているという点から、パートタイム労働者とフルタイム労働者に異なる賃金が支払われていることの間接差別性を争う余地はある。問題は、パートタイム労働者とフルタイム労働者に賃金格差を設けることに合理性が存在するか否かである。その部分の判断を行う者に、合理性があるのだという規範意識があれば、間接差別の認定は下らない。逆に、職務が同じであれば、賃金も同じであって当然だという規範意識があれば、間接差別との認定が下されよう。

このように様々な規範が存在する中で、行政や司法に携わり、差別の認定を行う者は、必ずや、社会において何が正義ないし平等と考えられているのかという点に敏感にならざるを得ないだろう。このとき、労働者が連帯を強め、雇用区分の異なる労働者間にあっても同一職務に対しては同一賃金が支払われるのが正義であり、平等であるということを運動を通して社会に浸透させていくことができたならば、たとえばパートタイム労働者とフルタイム労働者との間の賃金格差は間接差別であるという判断を導くこともできよう。そして、このような判断が一つ、二つと下されるようになると、法の象徴的効果によって、社会の規範意識の変革が加速することもありえよう。このように考えてくると、間接差別禁止規定は、社会に一石を投じ、新たなコンセンサスを形成するための必要不可欠なツールであると思う。だが、このツールをうまく使いこなし、望ましい社会変革に結び付けていけるか否かは、労働者の連帯と運動にかかっていると言えよう。

EPILOGUE 均等法改正は不可欠だが、男性の家事・育児参加には、労働時間短縮に向けた取組みも求められる。

この本のタイトルである「女も男も」について一言述べて結語としたい。ある調査によれば、夫の家族的責任の負担にもっとも影響を与える要因は妻の収入で、妻の収入が多くなれば夫による家事・育児の負担は増えるという結果が出ている。ただし、同じ調査は、夫の育児負担については、夫の就労時間の影響も受けることを明らかにしている。

ここからは、家計収入に占める女性の収入が相当程度になると、男性も家事・育児を行うようになることがわかり、均等法改正を通じて女性の職域を拡大し、管理職を増加させ、男女賃金格差を解消していくことの意義が大きいことがわかる。ただ、育児については、夫の労働時間が短縮されないと夫はなかなか育児責任を負担しない、あるいは負担できないこともうかがえる。「女も男も」には、均等法改正は不可欠であるが、それと合わせて労働時間短縮に向けた取組み等も必要とされている。

実効性のない法律は いらない

均等待遇アクション21　酒井 和子

長引く不景気を背景に、賃金の高い正社員を削減し、パートや派遣に切り替えているのが、雇用の現状です。パートの賃金は正社員の半分以下に抑えられ、社会保障や福利厚生からも排除されるなど、不平等な格差が広がっています。そこで、我が国におけるパート労働の実態に目を向け、現行の「パート労働法」と「改正パート指針」の問題点を徹底解明！ 法改正のポイントを整理しながら、均等待遇への道を突き進みましょう。

パート労働法改正が見送られ、その犠牲となる女性たち…。

均等待遇アクション２００３は、間接性差別の禁止と同一価値労働同一賃金の実現によって、働き方による差別をなくし、２００３年度末までに均等待遇を明記したパート労働法などを改正させることを目的として、２０００年からＮＧＯとして活動してきた。厚生労働省の労働政策審議会雇用均等分科会では２００２年秋から半年にわたってパート労働法を改正するかどうか議論が続いたが、使用者側の反対が強く残念ながら法改正は見送られ、均衡処遇のガイドラインを示すパート指針の改正に終わってしまった。均等待遇アクション２００３は、審議会の傍聴や実態調査、ＩＬＯや国連女性差別撤廃委員会からの勧告の引き出し、賃金差別裁判支援、緊急アピール、各地のパート・非常勤の女性との交流など様々な活動を行ってきた。今年６月から名称を「均等待遇アクション21」と改め再スタートした。目的は引き続き均等待遇の実現であり、パート労働法の改正はますます重要になってきている。これまでの活動の経験を踏まえ、パート労働の現状を紹介し、現行パート労働法と改正パート指針の問題点、法改正のポイントを整理し、法改正をめぐるパート議連やパート・有期契約法のねらいについて述べてみたい。

私たちは昨年、東京ウィメンズプラザの助成事業としてパート・非常勤で働く女性の均等待遇アンケートとインタビューを行った。調査結果から浮かび上がってきたのは、時間給が下がり、労働時間も減らされたりシフト勤務で細切れにされ、契約期間が短期化もしくは更新回数に上限を設けられ、業務委託やオンコール（呼び出し労働）など契約形態も悪化していることだった。雇用が不安定で、自立して生活できる収入が得られない女性が急増していることを改めて感じさせられた。それと同時に仕事の内容や責任はフルタイムの正社員とほとんど変わらないのに、賃金は半分で教育研修や昇進のチャンスがないという不満が多かった。また、回答者約３００人のうち２つ以上の仕事をしている複合就労が７％（21人）にものぼった。生活費を得るため週１日の休みも取れず、週40時間以上働いても年収は２５０万円に届かないという厳しい現実も明らかになった。

Ａさんのケースは、パート・非常勤で働く女性労働者の問題点を凝縮している。年齢制限で正社員になれないこと、専門職でありながら正当に評価されない低賃金であること、コスト削減を目的に正職員から非常勤、民間委託へと雇用が劣化していること、1年の有期契約で雇用保障がないこと、時給のみで昇給も期末手当や退職金もないこと、住民サービスのための開館時間延長によって勤務日や勤務時間がバラバラで細切れになり、個人の生活時間を確保するのが困難なこと、厚生年

今後も均等待遇への闘いは続く

金に加入できないこと、年間１８００時間働いても生活保護水準に及ばない年収しか得られないこと、などである。

１９９５年に日経連は「新時代の日本的経営」で正社員は管理業務のみ、専門職は契約社員、補助職はパートや派遣と３分割することを打ち出した。この考え方を加速させた小泉規制改革のねらいは「雇用の流動化」と称して有期雇用を増やし、「雇用の多様化」と言いくるめてパートや派遣を増やすことである。そのために裁量労働や有期雇用、派遣業種の規制を緩和する労働法の改悪が矢継ぎ早に行われ、女性労働の非正規化が急速に進んだのである。

パート数は急増し、正社員との格差は広がるばかり。

従来、パート雇用は景気の調節弁と位置づけられ、景気の後退期には正社員のクビを切らないでパートを雇い止めにしてきたが、90年代末から傾向が変わった。賃金の高い正社員を削減し、低賃金のパートや派遣に切り替えるようになったのである。１９９８年から２００３年の５年間に、正社員は３７６万人減少し、パートや派遣は３０６万人増加し、正社員比率は7割を切った。だがパートや派遣が増えたと言っても、性別で見ると男性労働者の８割以上は正社員で、男性パートの大部分は学生か20代のフリーター、もしくは定年退職後の一時的な働き方である。それに比べ女性パートは新卒パートから30代の子育て期、子育てを終えた中高年まであらゆる世代にわたっており、２００２年末には女性労働に占める正社員の割合は50%を切ってしまった。働く女性の２人に１人はパートか派遣という多数派になってしまったのである。この中には生計維持者でありながらパート・非常勤しか雇用がないというシングルマザーも多く含まれている。

正社員とパートの賃金格差はパート労働法が施行された１９９３年以降も改善されるどころか広

Aさんのケース

ダブルワーカーを余儀なくされ、年収は200万円程度。厚生年金の加入資格もありません。

自営業の夫の手伝いをしながら、家事・育児をしてきましたが、不況で夫の仕事が立ち行かず、就職しなければならなくなりました。

しかし、30代後半では正社員の募集もなく、ようやく見つかったのが、区立図書館の非常勤職員の仕事でした。とりあえず1年契約で採用され、契約更新をしながら5年間ほど働いていました。

ところが２年前、民間への業務委託制度に切り替えることを、区が提案してきました。私たちは労働組合を結成して交渉しましたが、残念ながら民間委託が決定し、一方的に契約を打ち切られました。

その後、別の区立図書館で1年契約の非常勤職員に採用され、司書として働いてきました。ある日、以前働いていた区立図書館から業務委託を請け負った会社が契約社員を募集していることを知り、応募・採用されました。

今は、2ヵ所の図書館で、司書として働くダブルワーカーです。時給は「非常勤1，375円＋契約社員890円」。合計しても、年収は200万円にしかなりません。週平均35時間、月25日は働いているのに、どちらも短時間勤務のため、厚生年金の加入資格はなく、国民年金に加入しています。

がり続けている。この10年間で女性パート賃金は女性正社員の71%から65%へ、男性パートは男性正社員の58%から49%へと格差は広がった。女性パートは男性正社員の4割にしかならないのである。

賃金などの待遇は半分以下で社会保障や福利厚生からも排除されるという日本におけるパート問題は、女性差別であり身分差別であると従来から指摘されてきたが、その本質は現在でも全く変わっていない。それどころか、グローバリゼーションによって官民を問わず市場競争に投げ込まれ事態は悪くなっている。格差が広がり、賃金水準は下方へと押し下げられ、有期雇用が広がっている。

厚生労働省の調査によると、約7割の企業がパート・契約社員・臨時などの有期雇用労働者を雇っており、その理由は「人件費節約のため」となっている。有期雇用の半数はパートでそのほとんどは女性である。有期雇用全体で見ても7割を女性が占めており、契約更新や雇い止めに対する不満や不安が高い。

こうした現状を変えるには、働き方による差別をなくし、自立して生活できる賃金と雇用の安定と適切な社会保障が必要である。そのための法整備として、パート労働法に均等待遇を明記させ、有期雇用を制限し、年金など社会保障を適用することが緊急の課題となっているのである。

パート労働法制定十年。実効性ゼロ、問題が山積！

1993年にパート労働法が施行されたが、法の名称が「短時間労働者の雇用管理の改善等に関する法律」であることからも明らかなように、この法律の目的はパート労働者に対する差別禁止や労働条件の改善ではなく、使用者の立場からパート雇用の促進を図るというものであったため、むしろパート雇用に拍車がかかるだろうと予測された。公務パートについては除外された。その上、均等待遇ではなく均衡に考慮するという努力義務規定にとどまったので実効性がなく、厚生労働大臣による助言、指導、勧告の実績は、法制定後10年間でゼロである。

パート労働法には附則に3年後の見直しが明記されたため、その後幾度となく改正に向けた議論が行われてきた。とりわけ正社員のパートへの置き換えが進み、労働者の4人に1人がパートになったこと、格差が広がったこと、努力義務規定では実効性がないことなどを共通認識として、均等待遇の物差しづくりに向けて2001年から厚生労働省のパートタイム労働研究会で法改正をにらんだ論議がはじまったのである。

法改正をめぐって

この研究会報告では「正社員かパートかに関わらず、『働きに応じた公正な処遇』を社会的に確立していくこと」が重要であると述べ、職務の同一性を均等の物差しとする基本的な考え方をまとめた。しかしながら最も注目しなければならない問題点は、正社員とパートの均等待遇の第一の判断基準を職務の同一性としつつ、「残業、休日出勤、配置転換、転勤」などの拘束性の有無を合理的格差であるとしていることである。これでは家族的責任を持つがゆえにパートを選ばざるを得なかった大多数の女性たちの処遇は改善されるどころか、合理的に差別されてしまうのである。

研究会報告を基に、通常であれば公労使三者構成による審議会を経て法案が出されるのであるが、パート労働法改正については使用者側の抵抗が強いため、議員立法の模索がはじめられた。200

改正パート指針のポイント

1

正社員と仕事が同じなら、処遇は「均衡」を考慮する。

- パートの仕事や責任が同じなら、給与表や支払方法も同じにし、賃金やボーナス、退職金は時間当たりで同じようにする。
- 仕事が同じでも責任が違う場合は、仕事の実態を判断して、均衡待遇に配慮する。
- 育児・介護などの事情から、残業や転勤・配属ができないパートの待遇が不利にならないよう注意する。

2

正社員に転換するための条件を整えるように努める。

- パートから正社員への転換制度をつくり、正社員に転換できる教育訓練や能力開発を行う。
- 正社員に転換するための情報を提供する。

3

パート労働者の処遇について、本人に説明するよう努める。

- パートと正社員の仕事や賃金は、何が同じで何が違うのか、本人に対して納得できる説明をする。
- トラブルや苦情を解決する窓口や担当者をつくり、パートの待遇改善について意見を聴く。

パート労働法改正に向けて

2年4月には超党派の野党国会議員による「パートタイム労働者等の均等処遇を実現する議員連盟」（略称パート議連）が設立され、２００３年３月にはパート議連によるパート労働法改正法案要綱（案）が発表された。

また連合など労働組合も２００２年をパート春闘と位置づけ、「パート・有期契約労働法」制定に取り組むことを明らかにした。均等待遇アクション２００３が実施した政党アンケートでは、自民党だけが回答を保留したものの、公明党も含めてパート法改正に前向きであった。しかし、審議会は使用者側の強硬な反対にあって法改正を見送り、パート指針改正にとどまってしまったのである。

法改正を阻む要因の数々。超えられないハードルは？

こうしてパート労働法改正は見送られ指針改正で終わったが、審議会での議論を通じて浮かび上がってきた問題点についてまとめてみる。

第一は職務の同一性についてである。日本では職務という概念があいまいで、正社員の場合は総合職とか一般職として採用され、様々な仕事を経験して昇格していく仕組みになっている企業が多い。それに対して、職務を限定して採用されるのは教師とか保育士などの専門職であるが、パートも実は販売とか事務など職務を限定して採用され、他の職務に異動することが少ない。最近では正社員のクビを切ってパートに置き換えたりしているので、同じ職務の正社員がいない場合も増えてきている。正社員とパートの職務の同一性と言っても、同じ職場には比較対象となる正社員がいなかったり、正社員は様々な職務に配転するがパートは決められた職務を動かないという場合には均衡処遇の対象ではなくなる。厚生労働省によると、同一処遇方式にする職務も責任も正社員と同じパートは全体の４％で、均衡に配慮する職務は同じだが責任が違うパートは全体の約30％だという。残りの圧倒的多数のパートには言及していない。このような指針のねらいは、パート全体の底上げではなく、ごく一部のパートを店長とか主任などの役付きに引き上げるだけで、低コストで正社員並みの仕事と責任を押しつけ戦力化するパートと、補助労働と位置づけ賃金の切り下げを強要するパートへのタイプ分けである。職務で比較するなら同一職務同一賃金、さらには同一価値労働同一賃金への組み替えが必要である。

第二には、拘束性の有無を均等処遇の物差しにすることである。残業の有無や配転・転勤の有無は合理的な格差であるとしている。これでは育児や介護などの家族責任を持つ女性パートは不利になる。日本が批准しているＩＬＯの家族的責任条約では、家族責任を持つ男女労働者を不利益待遇にしてはならないと述べている。家族責任があるために短時間労働を選択せざるを得なかった女性が、短時間労働であることで差別されているということは、明らかにＩＬＯ家族的責任条約違反である。

第三に、審議会では有期雇用については他の審議会の事項であるという理由で何ら議論されることなく終わった。同様に、パート差別は女性差別であるという指摘に対しても、パート＝女性ではないという理由で議論されなかった。パートの大部分が有期雇用であることと、パート差別は間接性差別であるという2つの本質的な問題を回避しては何の改善策にもならないのである。

法改正へのハードル

パートが急増し、格差が広がっているにもかかわらず、法改正ができない大きな原因は、人件費のコスト削減をねらう使用者側にあるが、それだけではない。企業規模で見るとパート雇用が増えているのは大企業であるが、民間はもちろんあらゆる公務職場にも非常勤・臨時・嘱託などのパートが存在する。しかし、パートの組織率はわずか3%でなかなか進まない。

従来の正社員を中心とした労働組合のあり方を見直し、同じ職場で働くパートを仲間として受け入れなければ、パートの均等待遇はスローガンで終わってしまう。労働組合だけでなく幅広く社会的問題として訴えていくやり方を考えていくことも重要である。

「ILOパート条約」を批准し、均等待遇の活動を続ける。

パートタイム労働に関するILO第175号条約の要は、第一に均等待遇の原則、第二にパートタイム労働とフルタイム労働の相互転換の権利、である。これまで述べてきたパート労働の現状や法改正論議を踏まえて私たちがめざす立法は国際基準であるILOパート条約を批准できる内容でなければならない。

昨年の衆議院選挙ではすべての野党がパート労働者の均等待遇を政策に打ち出した。民主党のマニフェストでは、「平成16年度中に、正社員とパート社員などとの間の合理的な理由のない格差を是正し、均等な待遇を実現するパート労働法改正案を国会提出し、短時間労働であることを理由として、賃金その他の労働条件について正規社員等と差別することを禁止します。また、実質的に1年以上の雇用契約を結んでいる有期雇用労働者であれば、育児・介護休業がとれるようにします」と述べている。

連合が求めている新しい法律「パート・有期契約労働法」（P88参照）の制定、パート議連の「パート労働法改正法案」もともに、均等待遇の原則、パートとフルの相互転換を明記し、適用対象をパート労働者だけでなく有期契約労働者などいわゆる非正社員に広げているのが特徴である。

なお、２００４年6月には民主党がようやく「短時間労働者の雇用管理の改善等に関する法律の一部を改正する法律案要綱」（P94～95参照）を衆議院に提出し、継続審議となっている。この法案は有期契約労働者は対象となっていないが、事業主が短時間労働を理由とする差別的取扱いを禁止し、均等待遇の確保を明確にしている。

今後の検討課題

①公務職場のパート労働者の均等待遇

国・地方ともに行政改革が進められ、「定員削減」によって公務職場の「定員外」職員は急増している。国レベルでの非常勤職員は22万人、地方レベルでは30万人と推定され、教育や福祉など住民サービスの最先端で、正職員と同じ仕事を低賃金で有期雇用の臨時・非常勤職員が担っている。こうしたパート公務員の処遇はパート労働法では適用除外されているため、パート公務員の均等待遇のためには、地方公務員法に条例による均等待遇を規定する義務づけをおこなうなどが今後の課題である。

②性に中立的な税制及び社会保険制度（年金）の見直し

男女共同参画会議では「ライフスタイルの選択と雇用・就業に関する制度・慣行」について論点整理をしている。各個人が自分のライフスタイルに合わせて多様な働き方を選び、転換できるためには、労働法制の整備だけでなく社会保障制度の見直しが必要であると指摘している。税制や年金を世帯単位から個人単位に変え、どんな働き方を選択しても年金や雇用保険に加入できる制度への見直しも今後の課題である。

PART 3

ワーク・ライフ・バランスの夢

仕事と家庭の両立はなるか？　未来に向けた均等待遇への期待…。

なっとくDATA

「ワーク・ライフ・バランス」の推進は職場・社会の変革からはじめたい

日本労働組合総連合会　総合男女平等局長　吉宮　聰悟

国民の多くが反対した負担増と給付削減を目的とした政府の年金改正案が可決された直後、女性が一生の間に生む「2003年の合計特殊出生率1・29」が厚生労働省から発表され、年金改正案の根幹となっている「2005年1・32」という政府予測がはずれたことと、政府の年金法改正案を与党が強行採決した後の「後出し」が大きな問題となっている。ここ数年、政府が特に力を入れてきた「少子化対策」、最近では、たとえば、育児介護休業の申し出を理由として不利益取り扱いを禁止することや、子どもの看護休暇の努力義務化など、育児・介護休業制度の拡充、待機児童ゼロ作戦等の保育対策…等々であるが、効果をあげているとは必ずしも言えない。

なぜなのか。少子化の進展には、雇用の質、働き方、固定的な性別役割分担など、労働と生活のあり方など構造的問題が潜んでおり、これに改革のメスを入れていないことが原因ではないか。また、生き方や働き方の多様化もかつてなく進んでおり、これを受け入れる社会の仕組みは十分ではない。このような状況認識をしている人々からは、家族的責任を有している人のみならず、独身や子どものいない男女労働者も対象とした仕事と生活の調和、ワーク・ライフ・バランスを可能とするための職場・社会づくりが強調されてきている。私も重要な課題であると考える。そこで、ワーク・ライフ・バランス（仕事と生活の調和）を阻害する要因と、それを可能とするための必要な条件について提起してみたい。

働く女性の現状

減らない
「仕事と家庭の両立の困難」を理由に離職する女性たち。

離職して現在無業である人の割合を離職理由別に見ると、育児、結婚、家族の介護・看護のためが多く、25歳〜34歳の年齢層では育児のためが84・1％を占め、年就業構造基本調査）。これは、わが国の職理由に見ると、多くは女性であるのは男性ではなく、多くは女性であると言える。育児等家族的責任が女性に偏っており、仕事との両立の困難さが離職につながっている（注：総務省「平成14年就業構造基本調査」）。

もっとも多くなっている。この人たちの離職理由を見るとこの理由で離職しているのは男性ではなく、多くは女性であると言える。育児等家族的責任が女性に偏っており、仕事との両立の困難さが離職につながっている。また、女性の離職した具体的理由は「自分の体力がもたなそうだった」「育児休業を取れそうもなかった」「保育園等の開所

女性の労働力率がM字型カーブを描く要因ともなっている。一方、この年齢層の潜在有業率、つまり「できれば働き続けたい」との意志を持っている割合は74％ほどまでに上昇するのを見ると、両立のためのサポートが充実していれば離職しなくて済んだことを意味している。

また、女性の離職した具体的理由は「自分の体力がもたなそうだった」「育児休業を取れそうもなかった」「保育園等の開所時間と勤務時間が合いそうもなかった」「子どもの病気等でたびたび休まざるをえない」「会社に育児休業制度がなかった」「育児に対する配慮や理解がない職場だった」など、育児休業制度や保育所等について制度の不十分性と利用の困難さをあげている（日本労働研究機構2003年「育児や介護と仕事の両立に関する調査」）。

また、介護で仕事を辞めた女性もここ数年2万人を超えている（厚生労働省「雇用動向調査」平成14年）。

それでは「両立しやすくするために推進すべき施策」として、どんなことを労働者は望んでいるのだろうか。学校に入る前の子どもがいる男女労働者について見ると、「労働時間の短縮など、働きながら育児をしやすい柔軟な働き方の推進」（女性は1番、男性は2番目に多い）、「男性が育児に参加することへの職場や社会環境の整備」（男性は1番目、女性は4番目に多い）、「保育所の整備」（女性は2番目、男

離職理由別無業者割合

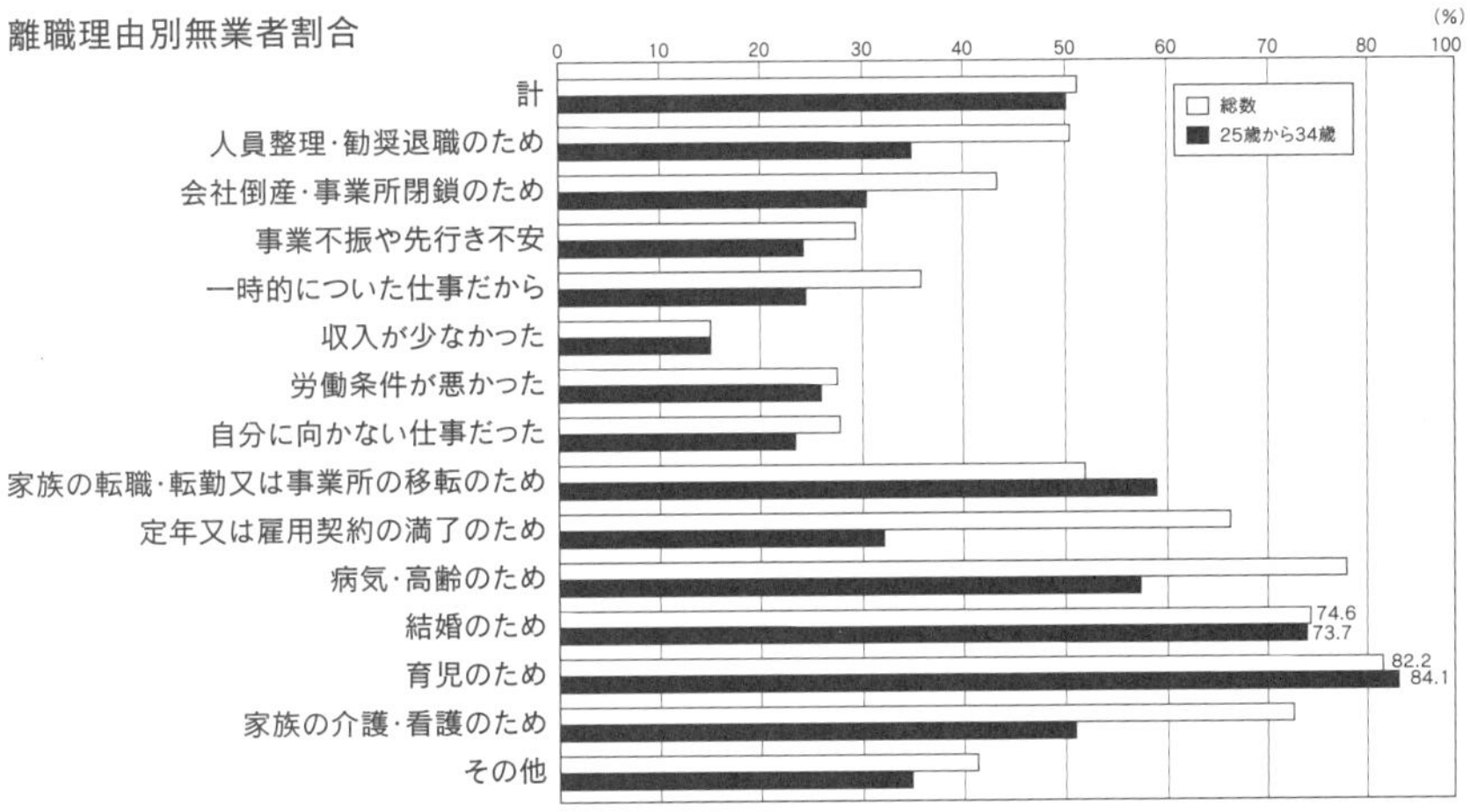

（注）平成9年10月以降に前職を辞めた転職就業者及び離職非就業者（前職が雇用者）のうち、平成14年10月現在無業である者の割合を、前職の離職理由別に算出したもの。
（出典）「平成14年就業構造基本調査」（総務省）

仕事と育児の両立が難しかった具体的な理由（複数回答）

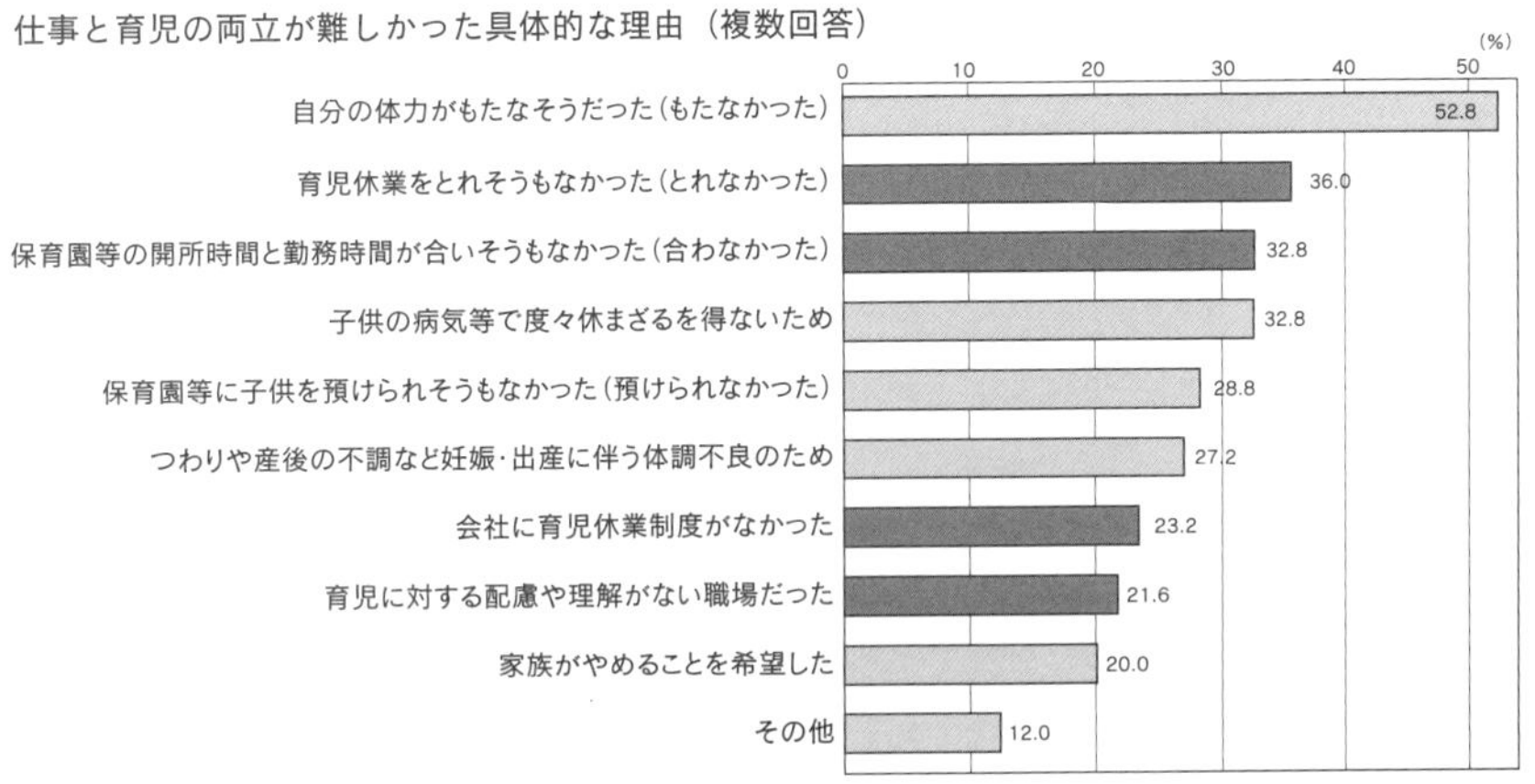

（注）「仕事を続けたかったが、仕事と育児の両立の難しさでやめた」と回答した者を対象。
（出典）「育児や介護と仕事の両立に関する調査」（2003年7月31日、日本労働研究機構）

性は3番目に多い）、「一時的な保育など働き方に対応した保育の充実」（女性は3番目に多い）である（注：日本労働研究機構「育児や介護と仕事の両立に関する調査」平成15年）。労働時間の短縮と保育所の整備を、そして男性自身が育児に関するための環境整備を強く求めていることにきちんと対応していけば、両立できる社会的基盤はいまより整うことになるが、その実現がワーク・ライフ・バランスを可能とするひとつの重要課題である。

変わらない　男性労働者の長時間労働と、「仕事中心」の生活スタイル

ワーク・ライフ・バランスを可能とするかどうかの鍵は「時間」の問題である。1日24時間は「労働時間、生活時間（家事等や睡眠時間）、自由時間」に分けられる。健康で文化的な人間らしい生活を得るためには、安定した雇用（労働）が確保され、その労働時間と生活、自由時間のバランスが取れていることが望ましい。しかし、労働時間が長くなれば、その分、生活、自由時間が圧迫され、バランスが崩れることになる。これは1日単位のバランスのみならず、人生80年時代に入っているわが国では、職業生活を一定期間経た時期、年金生活が視野に入った時期など人生の節々をどのように生きるかといった「人生設計」を描く場合も、時間を労働者が主体的に活用できるかどうかが重要な要素となる。

それでは時間のバランスは取れたものになっているのだろうか。パートタイム労働者を除く一般労働者の実際の年間労働時間は、ここ数年2020時間前後で推移しており、連合や政府が目標としている1800時間にはほど遠い現状にあり、労働時間短縮の傾向にはない。諸外国との比較（製造業生産労働者）で見ると日本は1900時間台でアメリカ、イギリスより長く、フランス1700時間台、ドイツ1500時間台とはもっと大きな格差がある。日本の労働時間短縮を阻んでいる大きな要因は、年次有給休暇の取得が付与日数に対し半分以下（2002年は48％）であることと、時間外労働の多さ（「よくある」は男性53・0％、女性24・4％、男性の20歳代60・1％、30歳代57・5％、40歳代56・7％）である。

また平日の労働時間もかなり長い現状にある。男性は約10時間、女性は約9時間ほどである。（連合総研『働き方の多様化と労働時間等の実態』に関する調査研究報告書」2001年）。10時間も会社にいるということは、通勤時間が往復2時間とすれば、1日の半分は仕事関係に費やし、生活時間と自由時間は大きく圧迫されていることになる。特に深刻なのは子育て期にあたると考えられる30歳代の男性の労働時間である。男性就業者に占める週60時間以上の就業者割合を年齢階層別に見ると、富士山のよう

平日1日あたりの平均的な時間

		1.勤め先にいるトータルの時間（分）			2.勤め先にいるトータルの時間のうち、実際に仕事をしている時間（分）		
		N（人）	平均値	標準偏差	N（人）	平均値	標準偏差
性別	男性	537	651.14	104.69	537	567.88	108.06
	女性	188	555.31	76.19	189	486.66	78.66
年齢層	20代	227	638.98	110.36	227	557.68	115.47
	30代	179	633.55	113.07	180	556.84	115.46
	40代	180	632.48	104.06	180	549.06	98.84
	50代	139	588.19	86.88	139	512.78	84.65
学歴	中学・高校卒	222	605.63	106.00	222	522.60	99.98
	専門・高専・短大卒	152	609.70	99.64	153	525.24	100.10
	大学・大学院卒	351	646.54	106.58	351	571.37	109.53
業種	建設業	79	638.33	107.90	80	549.79	114.74
	製造業	165	634.57	110.32	165	556.82	102.99
	電気・ガス・水道	43	612.05	107.82	43	521.53	108.82
	運輸・通信	78	612.05	119.32	78	535.12	116.81
	卸・小売、飲食店	117	634.53	101.64	117	564.84	117.27
	金融・保険・不動産	60	618.33	116.27	60	541.38	115.55
	サービス業	134	628.22	94.37	134	546.37	92.03
	その他	48	600.19	100.22	48	513.46	86.80
正規従業員人数	29人以下	147	583.39	93.62	148	505.14	93.83
	30～99人	97	626.77	90.70	97	545.57	83.34
	100～299人	102	620.31	102.13	102	541.12	103.57
	300～999人	98	638.12	96.72	98	563.36	101.77
	1000～2999人	85	650.80	123.62	85	565.64	120.48
	3000人以上	196	644.87	113.65	196	565.15	117.51
職種	人事・経理・広報等	68	597.07	100.65	69	518.88	99.87
	一般事務・受付・秘書	120	569.73	84.56	120	502.87	92.04
	営業・販売・サービス	193	656.66	108.92	193	578.76	117.02
	技術・専門職	149	644.73	99.46	149	566.23	98.08
	製造・建設・運転等	150	631.85	114.81	150	539.95	108.24
	その他	43	611.28	85.64	43	526.26	81.87
役職	一般職	411	611.12	104.83	412	532.10	104.08
	係長クラス	148	653.05	111.52	148	574.70	119.63
	課長クラス以上	166	639.98	100.71	166	558.14	97.31
組合有無	労働組合ある	357	637.23	107.94	357	558.00	109.34
	労働組合ない	367	615.72	104.63	368	535.83	104.39
年収	300万円未満	115	580.29	96.65	115	507.90	95.90
	300～500万円未満	243	619.73	109.29	243	540.53	110.17
	500～700万円未満	172	657.21	106.41	172	577.41	113.91
	700～1000万円未満	122	645.00	100.16	122	558.94	88.26
	1000万円以上	50	625.48	83.15	50	550.10	89.78
週所定労働時間	35時間未満	20	573.90	117.21	20	505.20	115.85
	35～37時間未満	56	598.82	89.15	57	520.11	94.80
	37～40時間未満	252	620.51	103.58	252	541.92	101.88
	40時間ちょうど	228	636.77	113.34	228	559.00	115.50
	40時間超	147	639.94	103.39	147	553.78	102.33
勤務時間制度	通常の勤務時間制度	483	620.08	105.59	483	541.13	105.18
	フレックスタイム	92	627.17	97.35	92	551.48	96.00
	変形労働時間制	60	611.62	96.59	60	530.43	101.71
	裁量労働制（みなし）	42	690.14	121.27	42	610.38	127.04
	時差・在宅など	12	585.75	115.41	13	498.85	128.42
	時間管理なし	35	674.49	107.24	35	582.97	111.05
地域	東京圏	397	626.14	109.04	398	544.44	109.44
	名古屋圏	110	627.99	110.37	110	564.15	108.65
	大阪圏	218	625.70	100.75	218	547.20	102.82
	合計	725	626.29	106.88	726	546.74	107.28

資料出所　（財）連合総合生活開発研究所「『働き方の多様化と労働時間等の実態』に関する調査研究報告書」（厚生労働省委託 2001年）

な形を描いており、30～34歳が23・8%、35～39歳が24・2%と最も高いところとなって、若年と高齢層が低く裾野に位置している。女性は、比較的平坦となっているが、男性とは逆で35～39歳（3・9%）、40～44歳（3・6%）を底にして、年齢が高い60～64歳（7・4%）、65歳以上（9・7%）が最も高くなっている。

睡眠時間、家族との団らん、仕事に関する勉強時間、地域での活動や交際について、週の実労働時間が45時間未満の労働者は、それぞれの時間を安定的に確保しているのに対し、60時間以上の労働者はかなり低下している。連合の生活アンケート調査では、サービス残業をしている人の月当たり時間29・6時間、家族と一緒の食事回数が週2回以下の男性が31%という結果もある。これらを見ると男性の多くは、生活、自由時間を犠牲にして「仕事中心」の生き方をしていることが見えてくる。この生き方は生活とのバランスを欠き、家族や友人との関係を悪化させ、さらに心身へ影響を与え、ストレスの増加と健康を害することになりかねない。

実のところ

仕事と家庭の両立を希望する父親が多い。

働いている父親と母親が平日に子どもと過ごす時間は、父親の平均が1時間31分、母親が6時間41分で、母親が子育ての中心

労働時間の長さと生活への影響

(単位 %)

週の実労働時間	睡眠時間が必要なだけとれる	決まった時間に食事ができる	疲れやストレスがない	家族の団らんの時間がとれる	仕事に関する勉強時間がとれる	地域での活動や交際ができる
40時間未満	78.2	82.8	37.9	79.3	65.5	59.8
40～45時間未満	76.7	68.7	29.4	74.2	60.6	54.0
45～50時間未満	63.3	57.8	26.6	64.1	44.5	32.0
50～55時間未満	53.5	43.0	11.3	37.3	28.2	21.1
55～60時間未満	34.9	30.1	12.0	32.5	34.9	15.7
60～65時間未満	39.6	22.2	9.3	22.2	18.5	11.1
65～70時間未満	26.7	11.1	2.2	26.7	6.7	6.7
70時間以上	12.5	9.4	0.0	9.4	9.4	3.1
総計	55.9	49.5	20.0	51.6	40.5	32.0

資料出所 (財)連合総合生活開発研究所「『働き方の多様化と労働時間等の実態』に関する調査研究報告書」(厚生労働省委託 2001年)

労働時間の長さについての労働者の意識

(単位 %)

週の実労働時間	かなり短い	やや短い	普通	やや長い	かなり長い	無回答
40時間未満	3.4	9.2	78.2	8.0	1.1	—
40～45時間未満	2.5	8.6	67.5	21.5	—	—
45～50時間未満	2.3	4.7	62.5	25.0	4.7	0.8
50～55時間未満	—	4.2	33.1	52.8	9.9	—
55～60時間未満	—	2.4	16.9	54.2	26.5	—
60～65時間未満	—	3.7	13.0	37.0	46.3	—
65～70時間未満	—	2.2	8.9	33.3	55.6	—
70時間以上	—	—	12.5	18.8	68.8	—
総計	1.4	5.3	45.6	32.0	15.6	0.1

資料出所 (財)連合総合生活開発研究所「『働き方の多様化と労働時間等の実態』に関する調査研究報告書」(厚生労働省委託 2001年)

男性の平均的な過労働時間

(単位 %)

	年齢・職種	40時間未満	40～45時間未満	45～50時間未満	50～55時間未満	55～60時間未満	60～65時間未満	65～70時間未満	70時間以上	無回答
年齢	20歳代	5.5	12.3	14.1	22.1	15.3	12.9	8.6	9.2	—
	30歳代	4.5	14.9	17.2	19.4	17.2	9.7	10.4	6.7	—
	40歳代	5.0	14.9	22.0	22.0	14.9	8.5	7.8	5.0	—
	50歳代	10.6	27.9	20.2	23.1	6.7	5.8	3.8	1.0	—
職種	人事・経理等(1)	2.7	16.2	16.2	29.7	13.5	8.1	8.1	5.4	—
	一般事務・受付等(2)	17.9	25.6	15.4	12.8	7.7	10.3	5.1	5.1	—
	営業・販売等(3)	3.6	9.0	14.5	22.3	15.7	11.4	12.7	10.8	—
	専門・技術職	5.6	19.4	23.4	24.2	11.3	9.7	4.0	2.4	—
	製造・建設等(4)	6.4	17.9	19.3	19.3	16.4	9.3	5.7	5.0	0.7
男性計		6.1	16.6	18.1	21.6	14.0	9.6	7.9	5.9	0.2

資料出所 (財)連合総合生活開発研究所「『働き方の多様化と労働時間等の実態』に関する調査研究報告書」(厚生労働省委託 2001年)
(注) (1)人事・経理・広報等 (2)一般事務・受付・秘書 (3)営業・販売・サービス (4)製造・建設・運転職

所定外労働の頻度

(単位 %)

	性別・年齢	よくある	ときどきある	ほとんどない	無回答
総 計		45.4	34.1	19.2	1.2
男性計		53.0	32.7	13.8	1.1
女性計		24.4	38.3	35.8	1.6
男性	20歳台	60.1	24.5	15.3	0.0
	30歳台	57.5	33.6	7.5	1.5
	40歳台	56.7	31.2	11.3	0.7
	50歳台	30.8	46.2	20.2	2.9
女性	20歳台	20.3	48.4	31.3	0.0
	30歳台	22.9	25.0	50.0	2.1
	40歳台	35.0	35.0	30.0	0.0
	50歳台	22.0	41.5	31.7	4.9

資料出所 (財)連合総合生活開発研究所「『働き方の多様化と労働時間等の実態』に関する調査研究報告書」(厚生労働省委託 2001年)

1か月の残業時間数

(単位 %)

	性別・年齢	残業時間なし	1～10時間未満	10～25時間未満	25～50時間未満	50～75時間未満	75～100時間未満	100時間以上	わからない	無回答
男性	20歳台	3.7	14.1	19.6	28.2	14.1	4.3	6.1	8.6	1.2
	30歳台	0.7	16.4	20.9	31.3	16.4	6.7	3.7	3.0	0.7
	40歳台	5.0	18.4	19.9	25.5	14.9	5.0	4.3	5.0	2.1
	50歳台	7.7	26.9	30.8	20.2	6.7	2.9	1.0	1.0	2.9
男性計		4.1	18.3	22.1	26.8	13.5	4.8	4.1	4.8	1.7
総 計		8.4	23.9	21.5	23.1	10.7	3.7	3.1	4.1	1.4

資料出所 (財)連合総合生活開発研究所「『働き方の多様化と労働時間等の実態』に関する調査研究報告書」(厚生労働省委託 2001年)
(注)2001年10月の残業時間数についてきいたもの。

子育て優先度の希望と現実

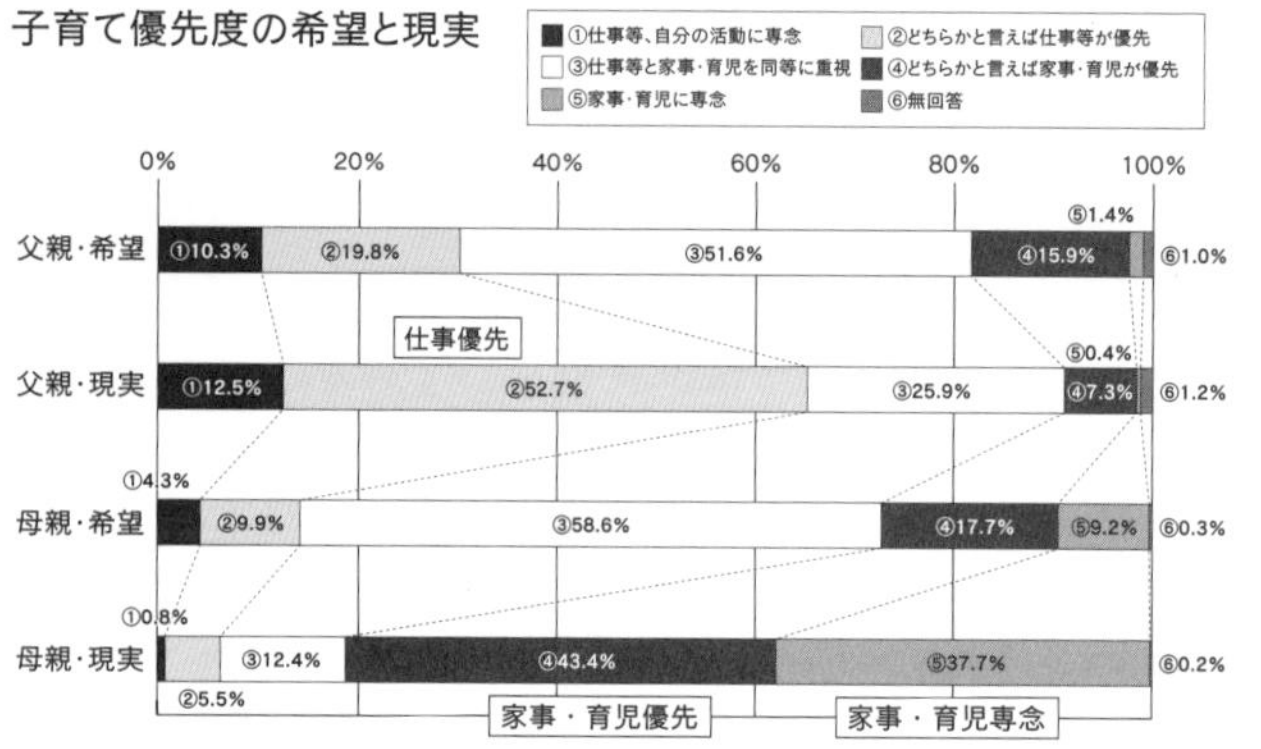

（出典）「子育て支援策等に関する調査研究」（（株）UFJ総合研究所、平成15年3月厚生労働省委託調査）

子供と過ごす時間（平日）（働いている父親・働いている母親）

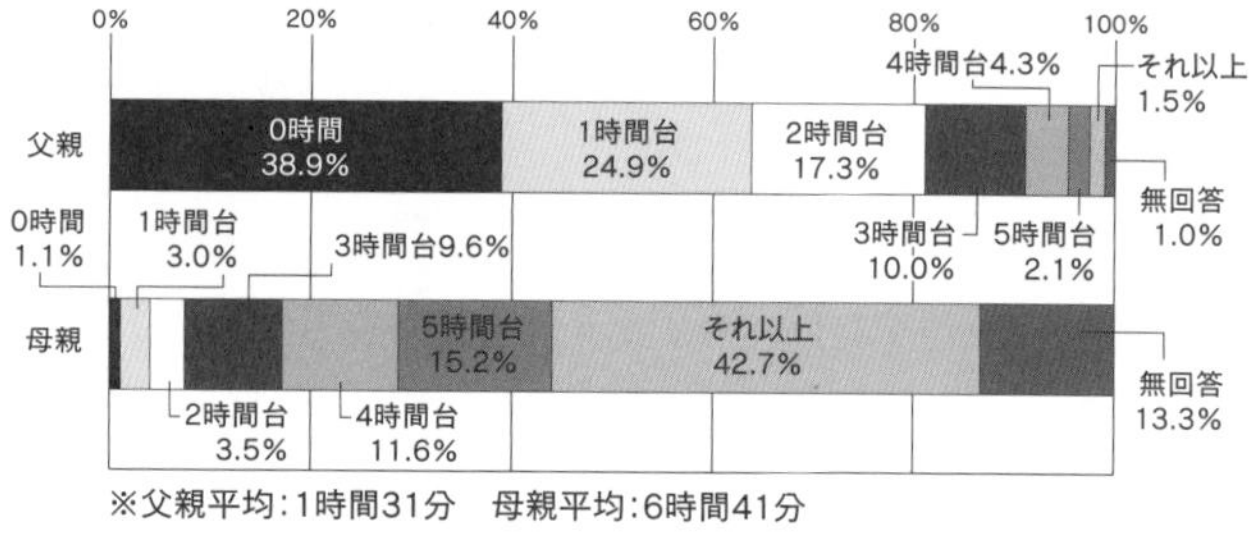

※父親平均：1時間31分　母親平均：6時間41分

（出典）「子育て支援策等に関する調査研究」（（株）UFJ総合研究所、平成15年3月厚生労働省委託調査）

を担っていると言える。驚くべきことはゼロ時間台の父親が38・9%もいることであり、まさに家庭は父親不在の日常性になっていると言える。

父親たちはこの現実を積極的に受け入れているのだろうか。母親は希望も現実も「仕事と家事・育児等を同等に重視」が最も多いが、父親は希望と現実が大きくかけ離れている。父親の現実は「仕事等自分の活動」「仕事優先」が65%を占めているが、希望となるとこれは30%と現実の半数以下になっている。「仕事と家事・育児等を同等に重視」は現実が26%に対し、希望は52%に膨らみ、「仕事優先」を積極的に受け入れてはいないと言える（2003年、UFJ総合研究所「子育て支援等に関する調査研究」）。

この父親たちの希望を実現するには、企業の環境・組織風土を変えていかなければならない。たぶん父親たちからは「仕事量に対し人員が少ない」「ノルマがきつい」「定時に帰る職場の雰囲気ではない」「多様な労働時間制度がほしい」…などの声があがってきそうである。

実現への方向性

進んでいる

OECD報告の見通しと、欧米の積極的な取り組み。

日本が加盟しているOECD（経済開発協力機構）から2003年11月に「仕事と家庭政策のバランスに関する報告書」が出された。この中で日本に対しては、「日本の将来の労働力不足を回避するには、働く母親への一層の支援が必要」とし、

①年金制度を非正規労働者にも拡大して、正規労働者との格差を是正する

②男女間の平等と同一労働同一賃金を一層積極的に施行する

③「出産後仕事に復帰する」女性の復帰に際しての賃金や昇進決定の障害を少なくする

④母親の労働市場に対して障害となっている求人における年齢制限の見直し

⑤配偶者が仕事をすることで金銭的に不利になるような年金制度を改善する策を考慮する

⑥配偶者手当制度の改革と時間外労働の制限の強化、柔軟な労働時間制度の適切な運用

⑦保育政策のさらなる充実——を提言している。

この提言は、パート労働者の均等待遇、ライフスタイルや働き方に中立的な税・社会保障制度の確立等によって、働く女性労働者が仕事と育児を両立し、多様な働き方を安心して選択できる制度づくりを求めている。

ワーク・ライフ・バランスはEUとアメリカでも課題となっている。EUでは、「ワーク・ライフ・バランス」を実行することは、EUの社会における政策目標、EUの雇用に関するガイドラインにおいても明確な目標として規定されている（EUにおける仕事時間の選好とワーク・ライフ・バランス：生活の質の向上のための政策」European Foundation for the Improvement of Living and Working Conditions報告書）。この報告書は、長時間労働（1週間48時間以上働く）とパートタイム労働の拡大が同時に進んでいる現状に対し、長時間労働の規制と生活に適合した労働時間の柔軟化、パートタイム労働の質と平等性を高めることと保育政策の充実によって、ワーク・ライフ・バランスがより促進されると結論づけている。

またアメリカは、ワーク・ライフ・バランス促進協会とアメリカ経営者連盟等が、毎年10月を「全国仕事・家庭月間」

と定めた上院決議（108回議会、210号）の具体化に一役かって、経営者に対して仕事と生活の調和による効果を広く周知するキャンペーンを行っている。

上院の決議を見ると、仕事と生活の調和の効果として、①労働生産性、仕事への満足度、企業への忠誠心、優秀な人材の保持に有効②欠勤率の低下――をあげ、働き過ぎは失敗が多く、経営者や同僚に不満や怒りを感じ、新しい仕事を探す傾向が強い③配偶者や子ども、友人との関係がうまくいかず、悲観的になり、健康的でなく、ストレスが多いと感じる傾向が強くなることなどをあげている（厚生労働省・仕事と生活の調和に関する検討会・2004年6月／第6回資料「アメリカにおけるワーク・ライフ・バランスへの取組について」より）。

この決議はワーク・ライフ・バランスの今日的意義を適切に表しており、わが国にも共通しているものがある。

見えてきた ワーク・ライフ・バランスを推進する3つのポイント。

まず第一は長時間労働の改善である。現状の1日10時間以上、週60時間以上仕事に拘束される時間は長過ぎるし、これでは仕事時間以外の生活・自由時間は十分に確保できない。1980年代後半から「仕事中毒」を改めて、「ゆとり・豊かさ」を実現するために政府も労働組合も年間総実労働時間1800時間をめざした。これは1日の所定時間8時間以下、時間外労働150時間、年次有給休暇20日完全取得で、週休2日制、国民祝祭日等の休日を完全に取ることを基本的な枠組みにして、労働日数は年間230日前後を想定している。

長時間労働は女性に比べ男性に多い。問われているのは男性の「会社中心」の働き方の見直しであり、私たちが取り組んでいる男女平等は、男性の働き方をそのままにして、それに女性を合わせるものではない。

第二は均等待遇原則の確立である。仕事と生活の調和を可能とするのは安心して短時間労働を選択できる制度が社会的に整備されているかどうかである。フルタイム労働からパートタイム労働（短時間労働）を、パートタイム労働からフルタイム労働へ自分の生活条件の中で行き来できる仕組みである。転換することによって賃金・処遇評価や社会保障の適用が公正さを欠いて著しく悪化したり、説明不能や納得性を欠く有期契約の現状を放置しておいては、パートタイム労働を主体的に選択する労働者はいない。パートタイム等の賃金・処遇がフルタイム労働との比較で仕事に応じて決定する均等待遇原則の確立が、ワーク・ライフ・バランスを可能とするために不可欠な条件である。EUも、均等待遇原則が確立しているオランダのパートタイム労働に注目していることがそれを物語っている。

第三は保育・介護の社会化の一層の促進である。労働者が子育てや家族を介護したいというのは人間として当たり前である。一方、労働が収入源の確保だけでなく、社会との関わりを深め自己実現を図ることにも通じることを重視する人にとって、職場や国・自治体の保育・介護制度の充実が、労働との両立を図るために重要な課題である。少子化の進行は、保守的な人々が強調する「女性が子育てや家族の世話に専念せず、働き続け出したから」ではなく、幼児期や学童期の保育、家族の介護が個人への負担として重くのしかかっているところに要因がある。日本の家族政策は、少子化を共通にしているEU諸国に比べ遅れている。

最後に、日本は多くの失業者と若者を中心とした「フリーター」を抱えながら、一方で正規労働者の長時間労働が存在している。労働時間を短縮し、雇用を生み出すワークシェアリング（雇用の分かち合い）の社会的枠組みづくりも、ワーク・ライフ・バランスの可能性の条件づくりになることを付け加えておきたい。

受賞企業

ファミリー・フレンドリー企業表彰は、ファミリー・フレンドリー企業に向けた取組を積極的に行っており、かつその成果があがっている企業で、他の模範であると認められる企業や今後成果が期待される企業に対する表彰制度です。

厚生労働省発表

厚生労働大臣優良賞

花王株式会社

所在地　東京都中央区
業　種　化学工業
従業員数　約7000人

★厚生労働大臣優良賞★

仕事と育児・介護が両立できる様々な制度を持ち、多様でかつ柔軟な働き方を労働者が選択できるような取組を積極的に行っており、かつ著しく成果があがっている企業であって、他の模範であると認められる企業に対する表彰

1 両立支援に関する基本方針

◇多様性を尊重する「イコール・パートナーシップ」宣言を公表し、ワーク&ライフバランスの推進を掲げ、両立支援に取り組んでいる

←

2 育児休業制度

◇制度

子が1歳到達後の4月末日まで取得可能
保育所へ入所できない場合等、最長1年の延長可

◇利用状況

これまでに、男性の取得実績があり、女性は、出産者のほぼ全員が取得し、取得者全員が復職

←

3 介護休業制度

◇制度

1事由につき、最長1年まで取得可能
復帰後2ヶ月以内の再取得可（回数制限なし）

◇利用状況

これまでに、10数名が取得、男性の取得実績があり、取得者全員が復職

←

厚生労働大臣努力賞

生活協同組合ひろしま

所在地　広島県広島市
業　種　協同組合
従業員数　約2000人

★厚生労働大臣努力賞★

仕事と育児・介護が両立できる様々な制度を持ち、多様でかつ柔軟な働き方を労働者が選択できるような取組を積極的に行っており、今後成果が期待される企業に対する表彰

1 両立支援に関する基本方針

◇経営方針「組合員のくらしの向上」の下、期間雇用者も対象とした両立支援に取り組んでいる

←

2 育児休業制度

◇制度

○期間　子が1歳6ヶ月まで取得可能
○対象　期間雇用者も対象としている

◇利用状況

これまでに、男性の取得実績があり、女性の取得は出産者全員、期間雇用者の取得者多数

←

3 介護休業制度

◇制度

○期間　最長6ヶ月まで取得可能
○対象　期間雇用者も対象としている

◇利用状況

これまでに、男性3名、女性3名が取得。
期間雇用者の取得者あり

←

平成16年度 ファミリー・フレンドリー企業表彰

4 勤務時間短縮等の措置

◇**育児のための制度**
(1)短時間勤務（最長2時間）(2)始業・終業時刻の繰上げ・繰下げ
いずれの制度も子が3歳まで利用でき、また、(1)は小学校就学の始期までの延長が可能

◇**介護のための制度**
(1)短時間勤務（最長2時間）(2)始業・終業時刻の繰上げ・繰下げ
いずれの制度も、1年間の利用が可能

◇**育児・介護サービス費用の補助**
共済会よりベビーシッター（小学校低学年まで利用可）、ホームヘルパー利用料、介護サービス、施設利用、差額ベッドの補助

5 その他の制度

◇**子どもの看護休暇**／小学校就学の始期まで取得でき、1子につき年間5日間取得できる休暇を含めた本人または、家族看護のための傷病休暇制度有り（有給）

◇**育児・介護休業中の経済的援助**／個別事情に配慮し、給与の60％相当額を支給
介護休業中は、社会保険料本人負担分相当額を支給

◇**配偶者出産休暇**（2日間、有給）

6 社内環境整備

◇社内Webに、仕事と育児の両立支援HPを掲載し、諸制度・情報を提供

◇ベビーシッター協会・日本臨床看護家政協会等の紹介、保育所情報の提供等、独自の両立支援策を展開

◇育児休業取得前に所属長、人事担当者と面談し、従業員の個別事情に配慮、休業中はEメールで情報交換し、復帰を支援

◇従業員の転居を伴う異動の場合は、育児や介護の家族状況への配慮を徹底

◇従業員の意識調査で両立支援策の希望聴取

◇両立取組にかかる検討委員会設置、運営

---

4 勤務時間短縮等の措置

◇**育児のための制度**
(1)短時間勤務 (2)始業・終業時刻の繰上げ・繰下げ
いずれの制度も、小学校就学の始期まで利用が可能
(3)所定外労働の免除

◇**介護のための制度**
(1)短時間勤務 (2)始業・終業時刻の繰上げ・繰下げ
いずれの制度も、最長6ヶ月まで利用が可能
所定外労働の免除

◇**育児・介護サービス費用の補助**
共済会よりベビーシッター・ヘルパー利用、育児・介護施設利用料補助（育児は小学校低学年まで利用可）

5 その他の制度

◇**子どもの看護休暇**／小学校就学の始期まで取得でき、1子につき年間5日間

◇**育児・介護休業中の経済的援助**／1歳を超えた育児休業中は、共済会より、社会保険料本人負担相当と一定の給付金を支給
介護休業中は、共済会より、社会保険料本人負担分相当額を支給

◇**配偶者出産休暇**（2日間、有給）

6 社内環境整備

◇従業員の意識調査で両立支援策の希望聴取

◇人事教育グループでは、子育て支援・介護支援制度の周知徹底を推進

座談会

「ワーク☆ライフ☆バランス」の実現 それは働き方の変革から…

仕事と家庭のバランスを取る際に、大きなカベになるのは育児である。
ところが育児休職制度がある事業所は61.4%、
女性の取得率も64.0%にすぎない。
時短や休暇取得促進への取り組みも進まず、
プライベート時間の確保も難しい。
このような状況の中、ワーク・ライフ・バランスの実現は可能なのか？

出産・育児を機に、職場を離れていく女性たち。

吉原　わが国は女性の労働人口が増える一方で、結婚・育児を機に辞める女性が多い現状です。総務省の調査によれば、25歳から34歳の女性の離職理由のトップは育児のためで、子育て後に職場に復帰する「M字型雇用」が見受けられます。最近は多少、台形に近づいてきていますが…。このように育児のために仕事を中断する原因は、どこにあるのでしょうか。みなさんの職場では、どのような状況ですか。

松田　ここ数年は女性の採用を意識的に増やしている傾向がありますが、社員7000名中、女性は70名ほどで1％に満たない数字です。うちの場合は、女性社員の年齢が高いせいか、結婚や育児が離職の理由というのは少ないですね。育児休職は女性が30～40名はコンスタントに取っていて、男性はゼロです。また、給与は多少減額になっても、勤務時間短縮（一日4～5、6時間）の選択をしている人が約40名います。結婚してもすぐに子どもをつくらない人が多いですね。「やっと、これから…」というキャリアを意識する場合も多いですから。

吉原　フード連合の職場では、いかがですか。

弥富　組合員としての女性は、そう多くはなく2割程度です。育児休職を取得している女性は、少しずつですが増えてきているようです。

吉原　育児で退職する女性の数は、どうですか。

弥富　勤続年数は上がってきていますが、まだまだ辞める女性もいます。

吉原　教職員は、早くから育児休業が制度化されていましたが、学校現場の状況はどうでしょうか。

大貫　小学校教員の場合、全国で女性が60％に達しています。ほとんどが育児休業を取り、しっかりまた学校に戻ってきています。子どもができて辞めた

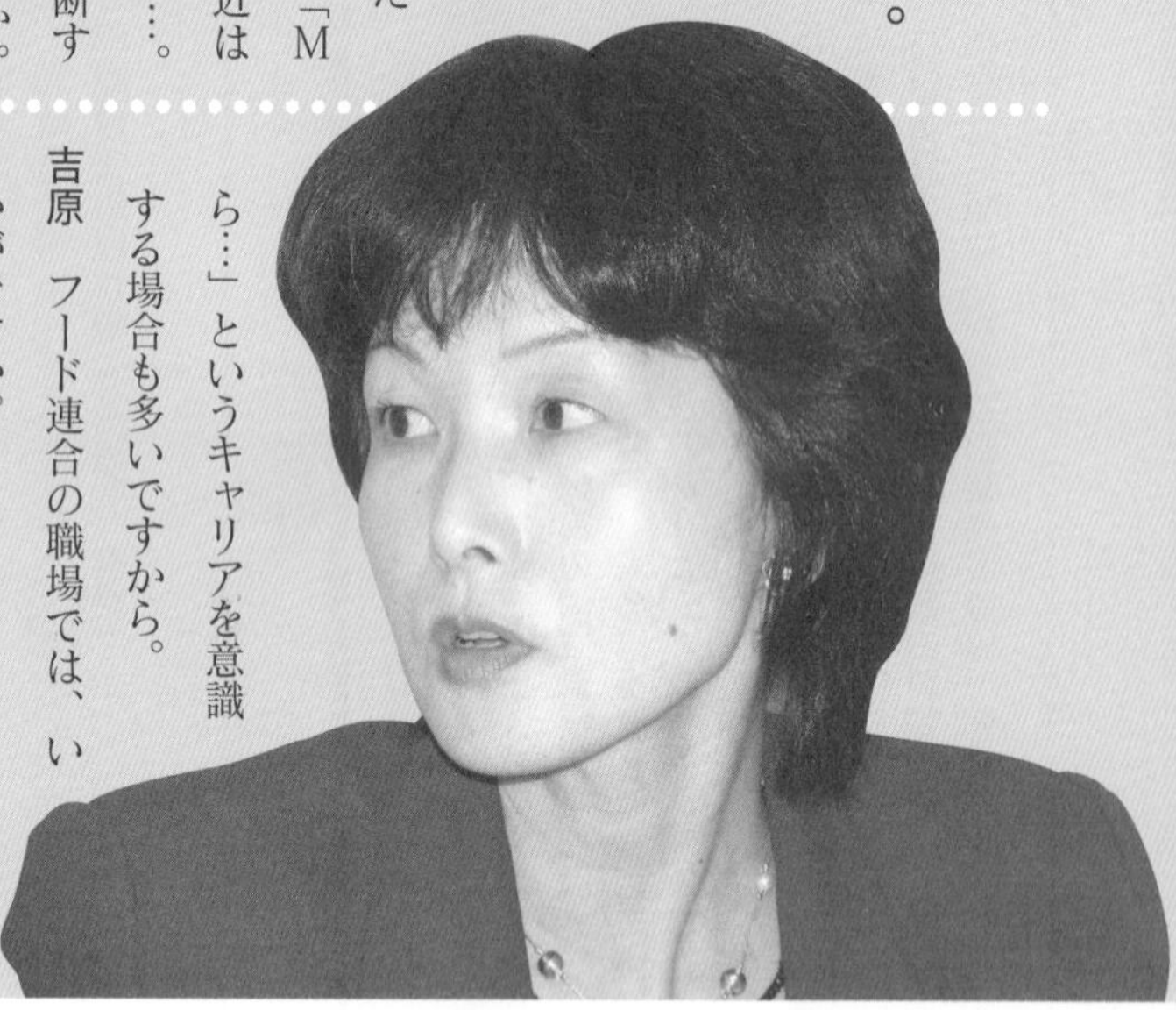

大貫　佳久美さん

神奈川県教職員組合 執行委員 女性部長。川崎市立小学校在籍。家族構成は、母・夫・長男・次男・長女。3人の子、それぞれ10ヵ月ずつ育児休業を取得。

人というのは、私の周りには記憶にないですね。2～3人生んでも、きちんと教員を続けています。

吉原　確かに、教職員は1976年に育児休業が施行されてから、育児のために退職する人は少なくなりました。それ以前は保育所もなく、1人目なら何とか私設の保育所に預けたりしていましたが、2人目になると辞めていく人が多かったですね。

大貫　いまは育児休業中も給付があるので、とても有り難いです。私たちのときはゼロでしたけれど…。

吉原　確かに有り難い制度になってきていますが、3年も育児休業を取ると、復帰が大変なのでは？

松田　1年、2年、3年と重ねていけば、不安は募るばかりだと思います。まだまだ復帰の対応が十分ではなく、サポートが必要な状態です。最近では、会社の外からメールで情報共有できるようになり、昔と比べると孤立感はなくなっています。病気の場合は、段階的に復帰できるシステムが整備されていますが、育児もプログラム化されれば、もっと休暇を取りやすいでしょう。

弥富　資生堂の育児支援プログラム「WiWiW（ウィウィ）」（詳細はP46参照）なんかもそうですよね。上司から定期的にメールで、子育てや体調などについて「どうですか」と尋ねてくれたり、職場復帰に向けた教育プログラムもあります。国からの援助もあって、導入している大手企業が増えているようです。

大貫　メールなら夕食前に気軽にチェックできます。雇用側としても、システム的にサポートできれば安心ですし…。

吉原　職場に戻ったとき、浦島太郎になっているようでは困りますからね。子どもだって1年経てば成長するし、世の中もどんどん変わっていきます。長期の休みは、マイ

弥富　洋子さん

フード連合（日本食品関連産業労働組合総連合会）中央執行委員政策局長。サントリー労働組合。昨年から連合中央執行委員、特別中央副執行委員長。家族構成は、夫。日本WLB研究会所属。

既婚女性が働く長所は「家計にゆとり」、短所は仕事と「家事が負担」

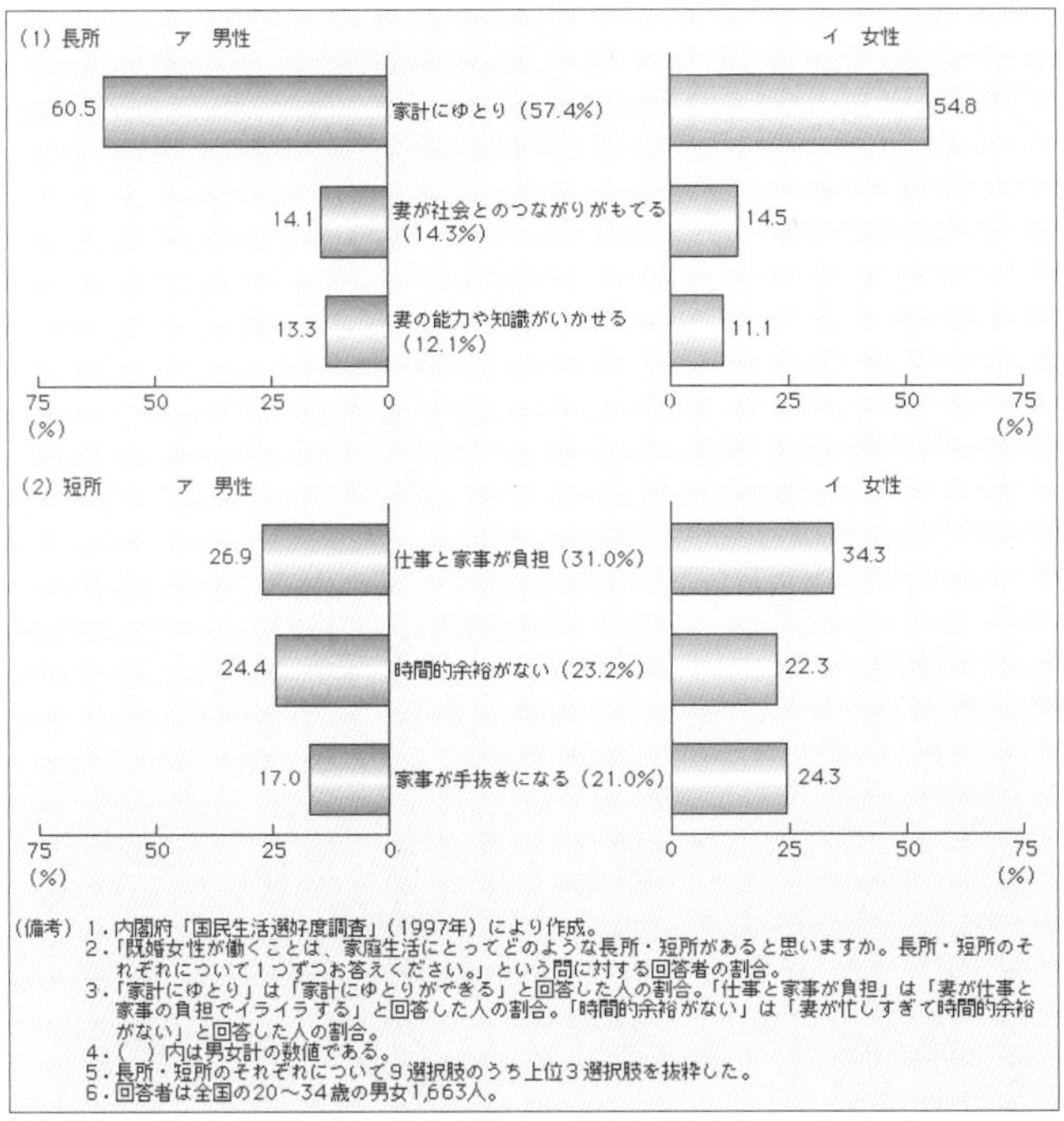

（備考）1．内閣府「国民生活選好度調査」（1997年）により作成。
2．「既婚女性が働くことは、家庭生活にとってどのような長所・短所があると思いますか。長所・短所のそれぞれについて1つずつお答えください。」という問に対する回答者の割合。
3．「家計にゆとり」は「家計にゆとりができる」と回答した人の割合。「仕事と家事が負担」は「妻が仕事と家事の負担でイライラする」と回答した人の割合。「時間的余裕がない」は「妻が忙しすぎて時間的余裕がない」と回答した人の割合。
4．（　）内は男女計の数値である。
5．長所・短所のそれぞれについて9選択肢のうち上位3選択肢を抜粋した。
6．回答者は全国の20～34歳の男女1,663人。

働く女性が増加

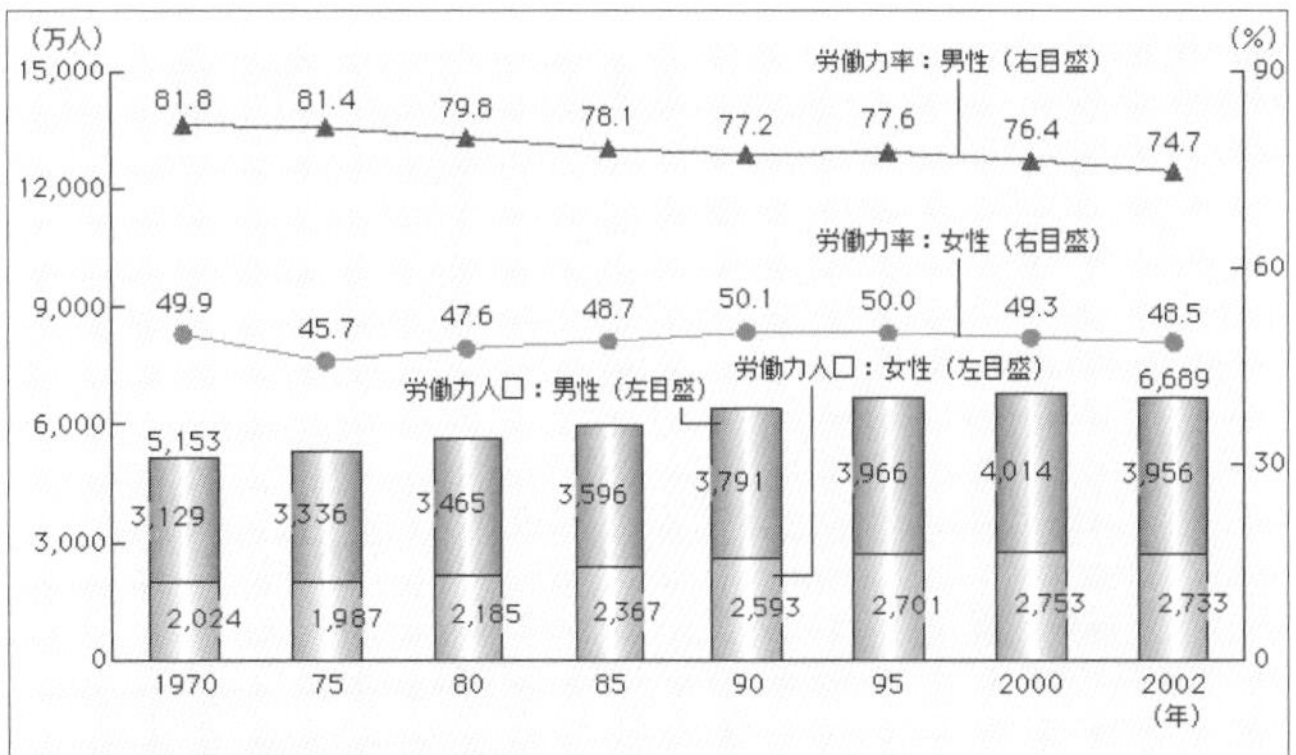

（備考）1．総務省「労働力調査」により作成。
2．労働力人口及び労働力率の推移。

吉原　喜久江さん

日本教職員組合 中央執行副委員長

ナス面が多いのではないでしょうか。

弥富　企業の場合、人事考課につながります。できるだけ短く、単年度計算なので2年にまたがらないように取ったり、工夫しています。将来的に、資格・賃金に響いてきますから…。子育て期は、ちょうどステップアップする時期と重なります。そこで子育てにウエイトを置くか、キャリアにウエイトを置くか、二極分化しているようです。

松田　22歳で入社して、30歳を境に、ちょうど第一キャリア・ステップ。そこで育児ができるかというと、キャリア志向の人はできない。その前で育児をするのも大変です。

吉原　出産・育児がペナルティになるわけですね。

仕事づけの男性たち。育児休職の権利を放棄!

吉原　育休を取っている男性はいますか。

松田　当社では、男性の育休は過去に1人しかいません。ここ2～3年間ではゼロです。男性も子育てにかかわりたいという気持ちもあるので、男性も育休を取るという風潮ができれば、取りやすくなるでしょう。男女が同一価値労働同一賃金ですから、収入が高い方が仕事を選択するのがベターだと思います。

弥富　生活設計を考えた場合、「男は仕事、女は家庭」という旧来の性的な役割分担ではなく、収入によって役割を決めるのが合理的ですね。若い世代になると、そういう考え方の人もいるようです。

大貫　男女同一賃金ですから、同じ年齢なら夫婦で同じ賃金です。若い教員の場合、家事労働は男性もやっています。職場でも、湯飲み茶碗を洗ってくれる男性がいます。「女性は家でやっているでしょうから…。僕は、ここ（職場）でも、家でもやります」なんて言いながら…（笑）。

松田　妻の帰りが遅くなれば、自分でやらないと、夕飯も食べられませんからね。

吉原　しかし、まだ男女の役割分担という刷り込みが、社会には強いようです。お父さんが、病院へ子どもを連れて行くと、「お母さんどうしたの?」と、必ず聞かれます。男性から見て、社会のシステムはどうですか。

松田　あまり整っていませんね。

大貫　大手のデパートは、いろいろ考慮されているようですが…。

松田　子どもと一緒に入れるトイレがあるところもあります。しかし、子どもが小さく（乳児に）なるほど、トイレの利用も大変です。社会的に見て、男性の育児休職の受け入れはまだまですね。

弥富　最近は、通勤途中に保育園へ連れていくお父さんがとても多いです。幼稚園には、専業主婦のお母さんが9時頃に連れていくという光景も目にします。

松田　仕事をしていると時間的に拘束されますから、役割はどうしても片寄りがちですね。

大貫　私の知っている教員で、保育園に通うお子さんが2人いて、上の女の子は母親、下の男の子は父親と分担している人がいます。男の子の具合が悪くなると「きょうは僕、帰ります」と早退していきます。でも、まだまだ教員の中でも、稀ですね。

吉原　職場の雰囲気ってありますよね。男性教員が、子どもを歯医者に連れて行こうとすると、管理職が「奥さんはどうしたんだ」と怪訝な顔をする。「きょうは僕が行くので…」と答えると、「奥さんが行けばいい!」と怒るそうです。

松田　最近は働き方が変わってきて、急用で帰るのは、女性も男性も難しい。ミッションが細分化され、自分の時間・責任の中で仕事をしているので、

松田　文史郎さん

ＮＴＴ労働組合コミュニケーションズ本部執行委員（組織担当）。家族構成は、妻（専業主婦）、子供2人（小3、中1）。育児休職の取得経験なし。インドネシアの学生交流ボランティア（地域活動）、災害復旧活動ボランティアなどをしている。

他の誰にも頼めません。帰りたくても帰れないのが現状です。ゆとりのある仕事のやり方を工夫して、育児休職を取ることは可能ですが、会社にいれば急用ですぐに職場を抜けることはできません。そして、どんどんストレスがたまっていくんです。

弥富　長時間労働で追われていますね。周りの男性組合役員の奥さんは、専業主婦率が一般組合員と比較して高いように感じます。だから労働運動ができる（笑）。そうしないと、男性は長時間労働ができないでしょう。

松田　うちの妻も、専業主婦です。子どもが生まれたのを機に、仕事を辞めました。「仕事をしたいけれど辞めたわけではない」と言っていました。

弥富　科学的根拠はないのですが、「三歳児神話」信奉がまだあるようで、女性の中には、子どもが小さいときは自分の手で育てたい・育てなければならないという気持ちがあるようです。それなのに、無理して仕事をすることはないと思ってしまう。

吉原　松田さんが育休を取らなかったのはなぜですか。

松田　3ヵ月は女性、3ヵ月は男性と、子どもが3歳に達するまで交替すればよかったですね。当社は1ヵ月単位で育休を取れるようになっています。

吉原　1ヵ月位なら、男性もできるのではないですか。

松田　「男性の育児休職促進」のキャンペーンをしたらいいかもしれませんね。

大貫　先日、テレビで観たんですが、ノルウェーでは父親が育休を取る「パパ・クォータ制」という制度があるそうです。父親がきちんと育休を取って、子どもの面倒をみていました。すごくいいなと思って。男性も育休を取る権利を放棄することはないと思います。

大貫　「外枠」を、強制でもいいからつければ、もっと促進できるでしょう。制度があっても利用されていないのは、意識の問題でしょうか。

弥富　休みを取ることが意識としてなく、休むのはせいぜい、入園、入学式、参観日くらいです。育休だけでなく、ボランティアで2〜3日休んでもいいでしょう。「育児休職だけ取りましょう」では推進は難しい。他の休みも含めて推進していく方向でないと。

吉原　日本人は生活を楽しむゆとりがないですね。

弥富　職場にしか、自分の世界がない人が多い。

大貫　仕事以外の世界を知る余裕が、なかなかつくれないですね。

弥富　育児休職はマイナスではなく、仕事にもプラスになります。お金だけの問題ではありません。男性が子育てをすることで、考え方、意識、そして文化も変わります。その意識変化が、仕事の中でも活かされると思います。男性は仕事ばかりで、地域とのかかわりも少ないですから、育児休職がひとつのきっかけになると思います。

大貫　夏休み、冬休みとは違った、育休という長期の休みの中で、地域との関わりを深めたり、人間としての幅を広げたりするチャンスだと思います。それは、男性に限らず、女性にも言えることだと思います。

企業の取り組みに見る世界と日本の温度差。

吉原　日本の企業の中で、両立支援の制度はできていても、まだまだ利用者は少ないようです。

松田　先ほどお話に出た資生堂も力を入れているようで、ワーク・ライフ・バランスの導入に関しては、わが国のパイオニアです。

弥富　外資系は、ワーク・ライフ・バランスの考え方を積極的に採り入れています。

松田　業務内容は男女同一になっていますが、女性の働きやすさという点では意識が薄いです。当社では、託児所の援助金は出ますが、育児所はありません。

吉原　事業所内の保育所ですか。

松田　それは、考えたこともあります。しかし、現実問題として通勤に1時間かけて、1～3歳の子どもを電車に乗せて連れて行くのは、実際には不可能です。地方ではできるかもしれませんが、特に首都圏では…。職住接近のアメリカとは違うんです。

大貫　地域の大きな工場に勤めている女性などは「どうして育休を取るの？」と言いますね。工場内に保育所があるので、休む理由がない。

松田　事業所内の保育所は、地域的に無理です。介護休職も、現実に取る人が少ない。

弥富　現実的に、使うことが難しいんでしょうね。

松田　組合から積極的に「取りましょう」と働きかけないからです。「ワーク・ライフ・バランス」というコンセプトを浸透させるために、「みんなで利用しましょう」と言い続けなければ、意識は変わらないでしょう。

大貫　保育・介護と見てみると、介護で辞める人が圧倒的に増えています。介護は終わりが見えない。自分も年齢が高くなるので、仕事と両立していくのはしんどいでしょう。

吉原　子育てはサポート体制ができていますが、介護のサポート体制ができている企業はありますか。

松田　介護休職はありますよ。

弥富　出身単組では賃金保障があって、毎月いくらか出ます。でも、使っている人は少ないですね。奥さんは専業主婦が多いのと、介護は女性という意識がまだまだ根強いのだと思います。

松田　介護のことは、これから考えないといけないテーマですね。

大貫　社会がきちんとサポートしていくことは、女性が仕事を続ける上で大きな課題となります。土日に実家に戻って介護をし、月曜日は職場に戻るという生活をしていた人がいたのですが、残念なことに後数年で定年なのに、お辞めになりました。

吉原　年寄りを預かってくれる場所が少ないですね。病院を3ヵ月でたらい回しです。そうなると、辞めるしかない。仕事と生活のバランスを取っていくために、公務員の短時間勤務制度が検討されていますが…。

保育所利用児童数等の状況

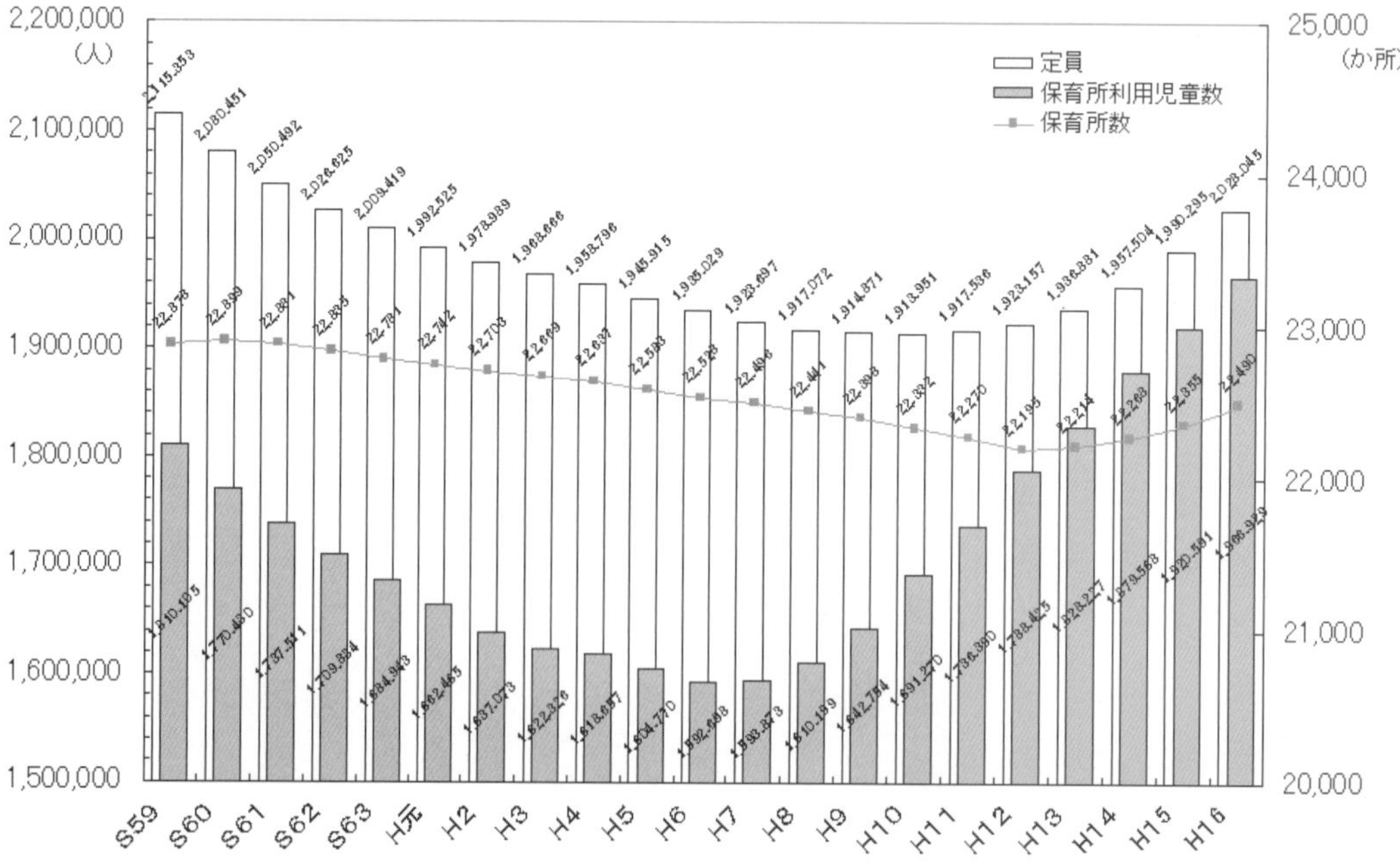

出典：厚生労働省雇用均等・児童家庭局　保育課（平成16年9月3日）

大貫　制度はありますけど、学校現場では難しいですね。中学校は大丈夫でしょうけれど、現状の制度では、小学校は午前と午後で先生が変わるわけにはいかないんです。

吉原　民間はどうですか。

松田　システムはあります。

弥富　導入している単組はあります。

松田　育児と同じようにシステムは整っています。労働時間7時間半のところを、4～5、6時間に短縮して、賃金は減額するという制度です。

吉原　女性教職員の中には「導入されたら使いたい」と思っている人もいますが、保護者や同僚の理解を得るのは難しいかもしれませんね。

大貫　いまのままでは無理です。制度・内容・カリキュラムが変わってくれば、ある時期、生活や仕事のバランスが取れるのが理想的です。

松田　現行の休職制度は、育児・介護が中心というのが現状です。自分の時間という括りでは、休みは取れないのでしょうか。

弥富　自分の将来を見据えたら、勉強の時間を取ることも大事ですよね。

吉原　アメリカなどは、個々人の力量アップのために積極的に推奨しているようです。

松田　アメリカでは、こんなに遅くまで働いていませんよ（笑）。

吉原　5時になったら帰る。土日はしっかり休みですね。ジュネーブへ行ったときに驚きました。金曜日の夜から家族揃って出かけて、レマン湖のまわりでバーベキューを楽しむんです。日本では考えられない。家庭や自分の生活を大事にしているんですね。日本の社会は家を犠牲にして、会社に滅私奉公をしている。

松田　「仕事も大事だけれど…」という意識を、多少でも持つべきです。「プライベートや家族と仕事では、どっちが大事か」と究極の選択を迫られたら、みんな本音のところでは、ほとんどが「家族が大事」と答えます。仕事とは答えないでしょう。

弥富　死ぬときは、会社の人ではなく、家族に見守られていたいですよね。

松田　男女を問わず、そう言いますよ。みんなほとんど「家族」と答える。けれど、実際にはできない。仕事の責任や、置かれている立場がありますから。

どこまでできるか？ ワーク・ライフ・バランス。

吉原　ワーク・ライフ・バランスを実現

■女性も外で働くべきか…

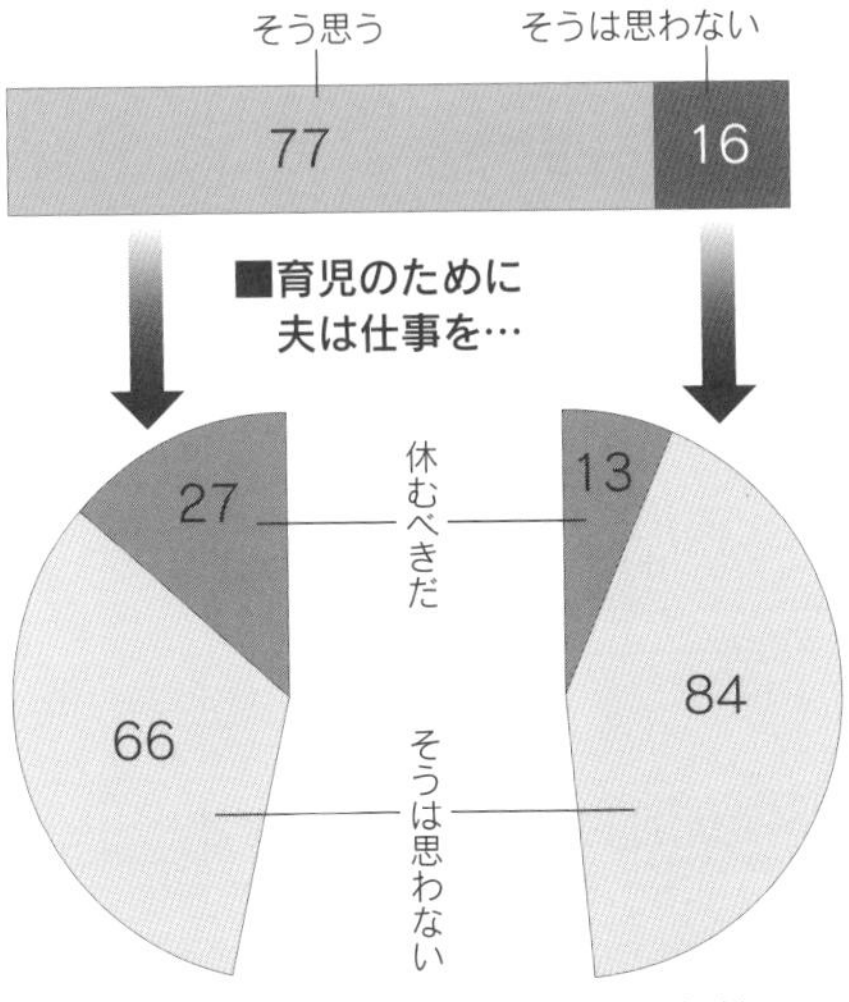

（数字は%。「その他・答えない」は省略）

朝日新聞（2004.11.20）より

■子育ては楽しいか

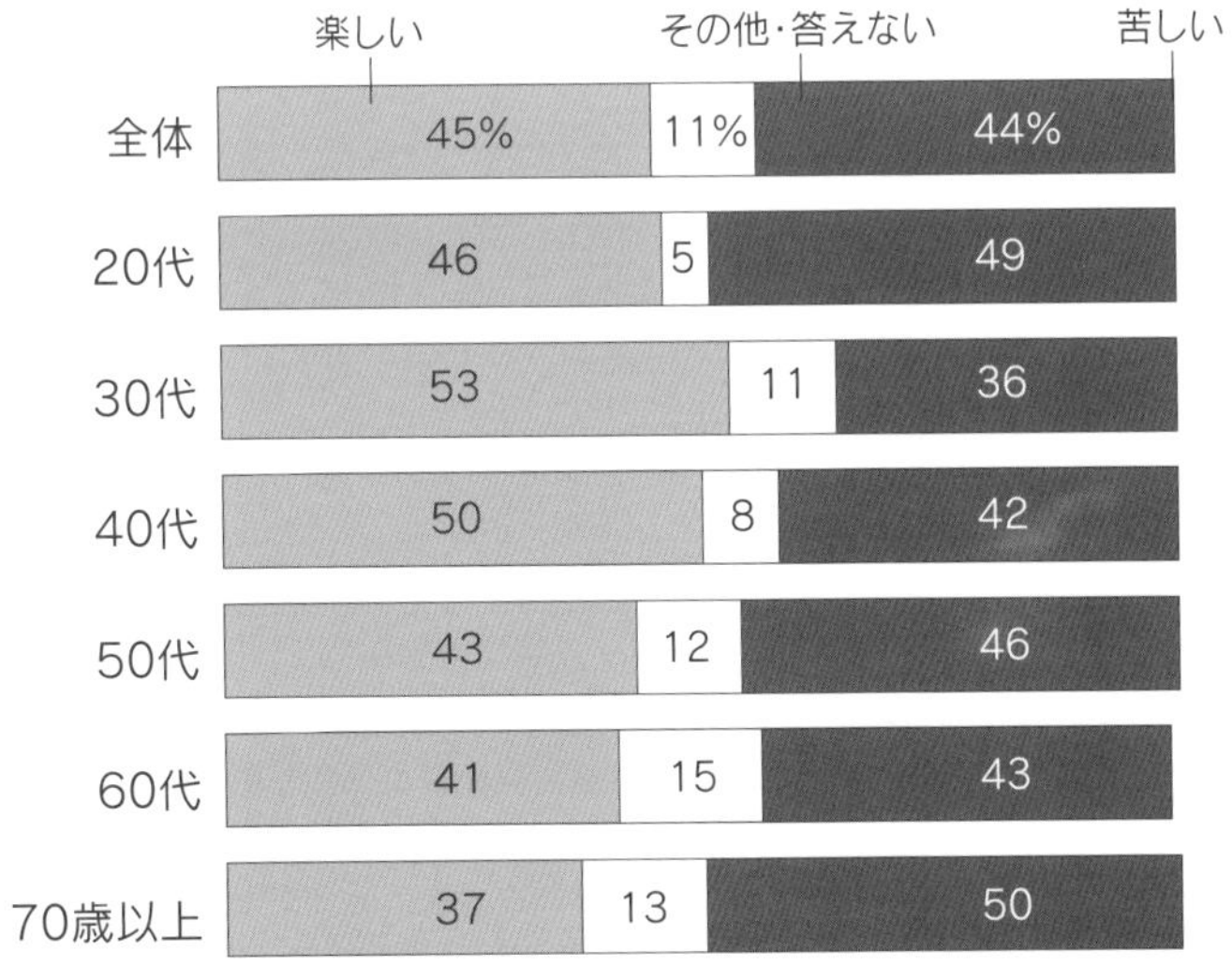

朝日新聞（2004.11.20）より

するには、一体どうすればいいのでしょうか。

松田　組合の役割として、社会に働きかける制度もメニューが揃っています。ただ、意識改革の問題だけではなく、使いづらくなっているので、積極的な見直しが必要だと思います。いまの段階では、長時間労働の取り組みに集中していますから。

吉原　働き過ぎで、みんな朝から疲れていますものね。

弥富　午前中はボーッとしていて、午後になってやっと仕事のスイッチが入る。たまに早く帰ることができても、やることが何もないんです。

松田　いろんなチャンネルを持っていないんですよ。土日の家族サービスはできても、他の過ごし方は考えられません。

大貫　近隣で、おやじの会というのがあって、地域のまつりでは喫茶店などの出し物をしています。また、学校で運動会の後始末などにも出てきてくれたりしています。

松田　長時間労働も、物理的に減らすだけでなく、向ける先がないと仕方ありません。空いた時間をただボーッと過ごすだけでは、もったいない。有意義に過ごすためのアイデアを提示するなど、時短とセットで取り組む必要がありそうですね。

弥富　地域の活動は、地域のネットワークをたどれば、いろんなことが出てくる。連合は仕事と家庭があっても、「地域」という概念が抜けています。特に都会は、その傾向が強いです。

吉原　そう言われると、私も家には寝に帰るだけですね。

弥富　マンションでは、隣人に会うこともほとんどないですからね。

松田　挨拶するくらいでしょう。

大貫　カーライフの人が多いですから、道で会うこともなく、たまにスーパーで出会うくらいです。

吉原　でも、地域って大事ですよね。

松田　地域では実にいろいろなことをやっています。でも、一歩踏み込んでそれを組合員に発信しようという動きはありません。全体として環境問題やボランティアに取り組むことはできても、個人のサポートまではできない。ただ「長時間労働を減らし、地域の活動をしよう」という意識づけは必要だと思います。

吉原　台風23号で、孤立したバスの乗客が全員救出されたのは、地域のコミュニケーションが取れていたからでしょう。

共働き夫婦の家事負担に関する意識

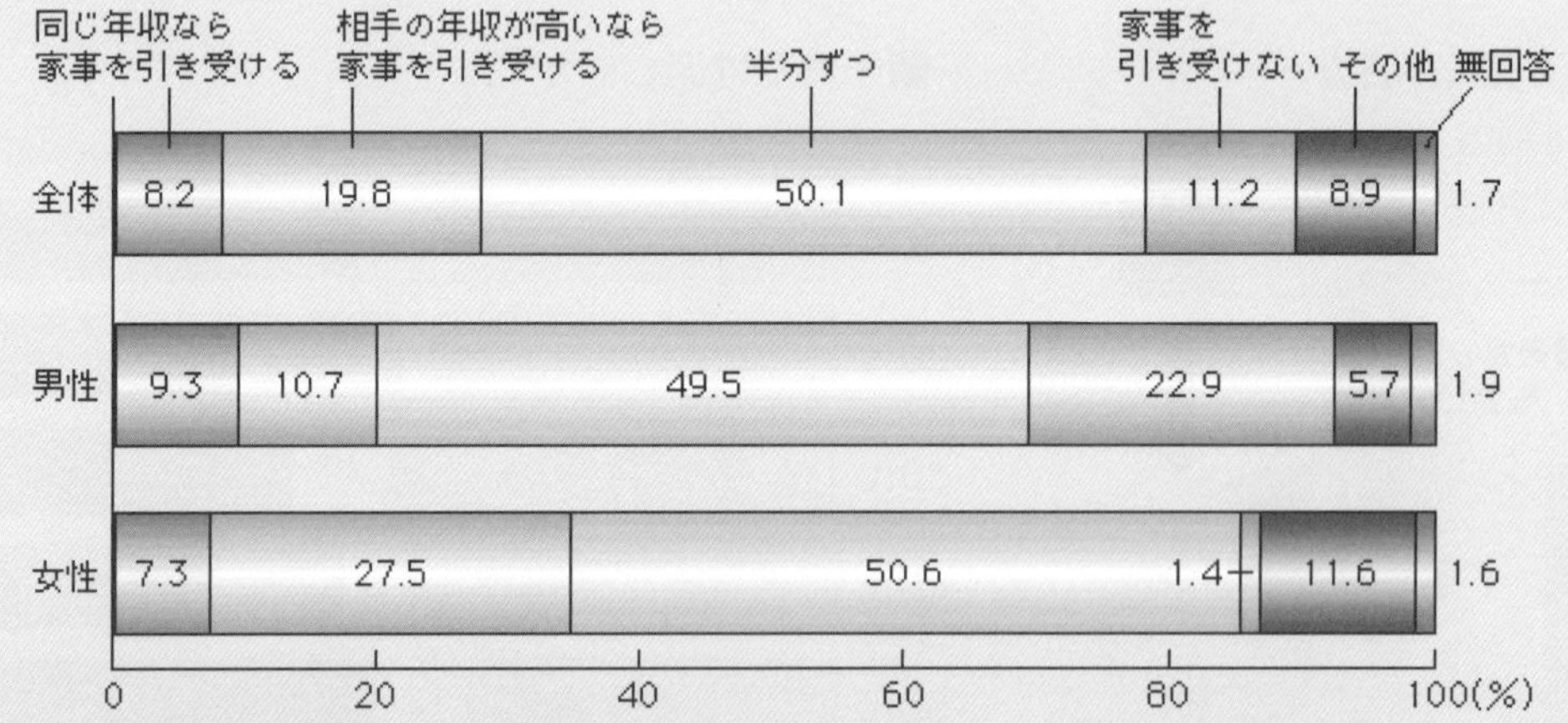

（備考）1．内閣府「若年層の意識実態調査」（2003年）により作成。
2．「夫婦間の理想の仕事・家事の分担についてお聞きします。共働きの方は、以下のうち最もあてはまると思われるものをお選びください。そうでない方は、仮に共働きをしているとしてお答えください。（○は1つ）」という問に対する回答者の割合。
3．「同じ年収なら家事を引き受ける」は「あなたと配偶者があなたと同程度の収入を得ることができるなら、自分が家事を引き受けてもよい」と回答した人の割合。「高い収入なら家事を引き受ける」は「あなたの配偶者があなたより高い収入を得ることができるなら、自分が家事を引き受けてもよい」と回答した人の割合。「半分ずつ」は「あなたの配偶者の年収に関わらず、家事の分担は常に半分ずつで共働きをする」と回答した人の割合。「家事を引き受けない」は「たとえあなたの配偶者があなた以上の年収を得ることができるとしても、自分が家事を引き受けるつもりはない（配偶者に家事をまかせる）」と回答した人の割合。
4．回答者は全国の学生を除く20～34歳の男女1,649人。

大貫　歌いながら、乗り越えた。

吉原　中越地震でも、地域のつながりの大切さが再認識されました。地域とのつながりが、これからは大事です。

松田　地域の活動は土日ならできますが、通勤時間が長いので平日は駆けつけられない。勤務時間を短縮する制度をつくるなど、いまある制度を細かく見直しすればできますが…。

大貫　私の友人の話ですが、月1度、マンションの自治会の会合が、土曜日の夜10時半からあるそうです。そういう時間帯じゃないと、みんなが集まらないらしいんです。

弥富　休日の夜は、一番ゆったりしたい時間ですよね。

大貫　でも、日曜の夜はいやですよね。

松田　地域活動は、なかなか難しいですね。

吉原　在宅勤務なら、通勤に何時間も必要ないですから、地域の活動にも参加できるかもしれない。働き方も考え直すといいですね。

松田　自分の中で仕事のプランニングができれば、四六時中みんなで一緒である必要はないです。多様な勤務体系の導入は可能です。

弥富　せめてフレックスタイムの導入ですね。私がいた部署は15年以上前からありました。11時~15時がコアタイム。15時になったら帰ることもできます。

吉原　働き方も選べて、通勤も楽。家から職場まで遠くても、ラッシュの時間帯でなければ、子どもを連れて来られる。先日、ぎゅうぎゅう詰めの電車の中で、3歳くらいの子がベビーカーに乗せられて、おにぎりを食べていました。これから保育所へ向かうのか、お父さんが連れていました。通勤時間がズレれば、ゆったり子どもを連れて来られます。意識・システムを柔軟に変えることが、労組の役割ですね。

弥富　男性で家庭を大事にする人って、まだ主流ではありません。育児と仕事を両立させている人は非常に少ない。また、女性の40代後半、50代は会社でもごく少数です。表面上の男女差は均等法以降になくなりましたが、私たち女性が目標とするロールモデルがいません。「キャリアアップは、もういいや。そんなにしんどい思いしてまで…」という意識がどこかにあります。

松田　ワーク・ライフ・バランスは一時期に比べると認知され、浸透してきているでしょう。労働組合も会社も動きがあるのは事実です。それが追い風に

■夫が家事や育児、妻が外で働くことに…

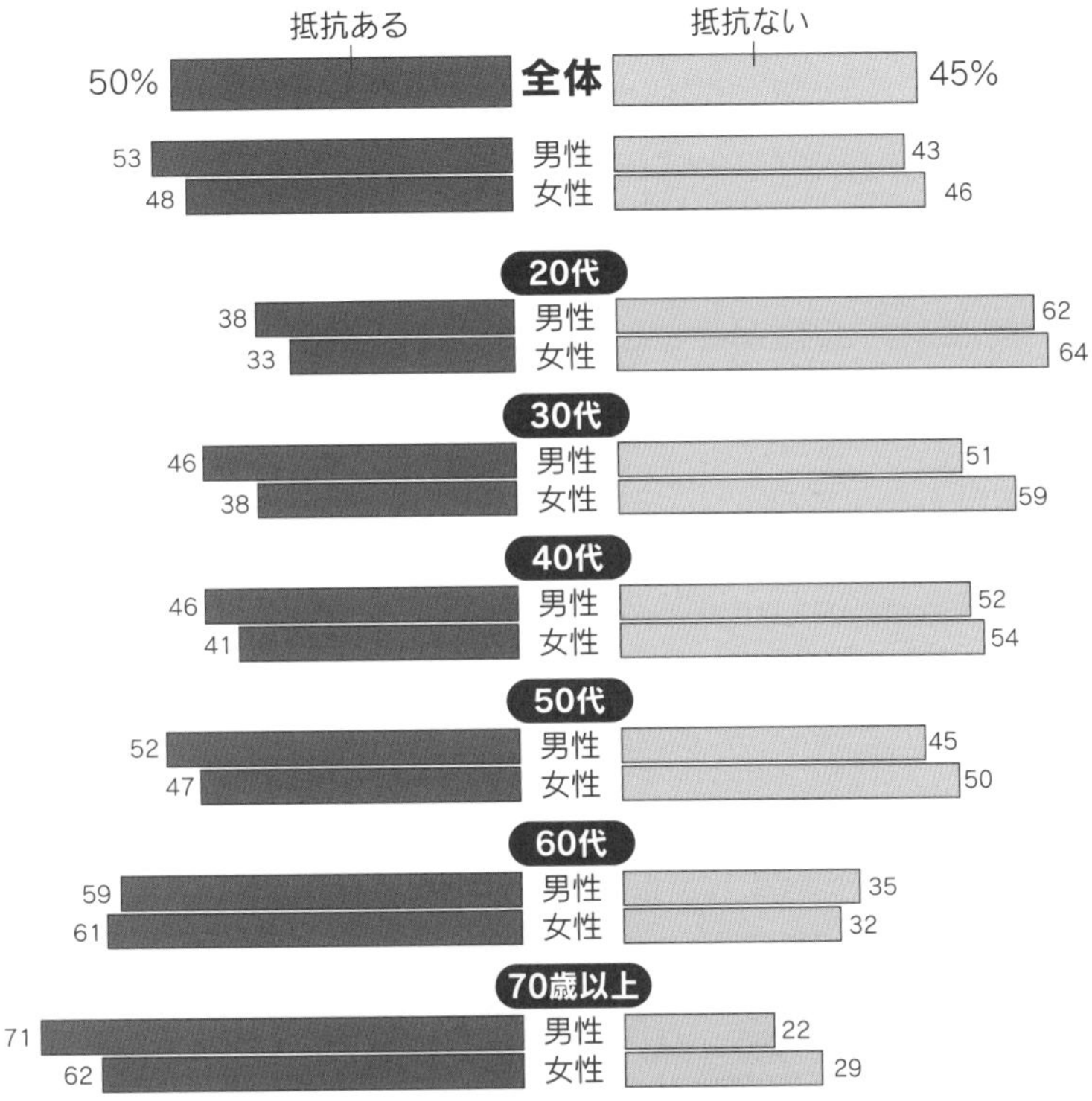

（「その他・答えない」は省略）

朝日新聞（2004.11.20）より

なればいいのですが…。労働組合の活動は、賃金だけじゃないところに目を向けないと、限界がきています。いつまでも賃上げだけでは厳しい。賃金を含めて、別のところで「ゆとり・豊かさ」を求めていくようにしないと…。

弥富　「がむしゃらに」というのは流行りませんね。子育ても仕事もバランスを取りたい、という人が増えています。育児を理由に、辞めざるをえないということは、いまはないです。育児休職制度ができたばかりの頃は、どうしたらいいか迷う人が多かったようです。昔は「机がなくなると思え！」とまで言われたようです。いまは、2～3人目の育休も多くなっています。以前は医者、近所の人、保育士などが、働く女性に厳しい目を向けましたが、いまはそういうことも少なく、ずいぶん、子育てがしやすくなりました。

吉原　子育てしながら女性が働くという枠組みができ、それが当たり前という社会になってきました。ワークシェアリングや地域の問題も含めて、今後、私たち労働組合は何をしたらいいと思いますか。

弥富　より豊かな人生のために、一人ひとりが自分の働き方、生き方を、選べる可能性をもった職場づくりが求められると思います。

松田　それは理想です。現実は仕事量が多く、プレッシャーがついてまわります。自分から率先して、この状態を打開することを考えなければなりませんね。

大貫　地域のサポートが大事だと思います。

弥富　お母さんが、一人で子どもを抱えるのはよくないですね。

大貫　いま、学校現場は変わっています。入学式や卒業式に出席する、お父さんも増えました。

松田　組合員などは、その日は計画的に休んでいます。

弥富　会社も「あっ、そう」という感じで、ごく当然のこととして容認していますね。

松田　もっと休暇を促進するべきです。「メモリアル・ホリデー」という枠を設定して、「きょうは誕生日だから休む」という文化をつくるといいですね。犬の誕生日でもいいんです。長時間労働の短縮、休みやすくする一環での取り組みです。常日頃から、意識的にこのことは言っています。

吉原　「年休を取ろう」ではダメなんですね。日本人には、休むのは罪悪という意識がありますから。病気のときで

男性と女性の望ましい生き方

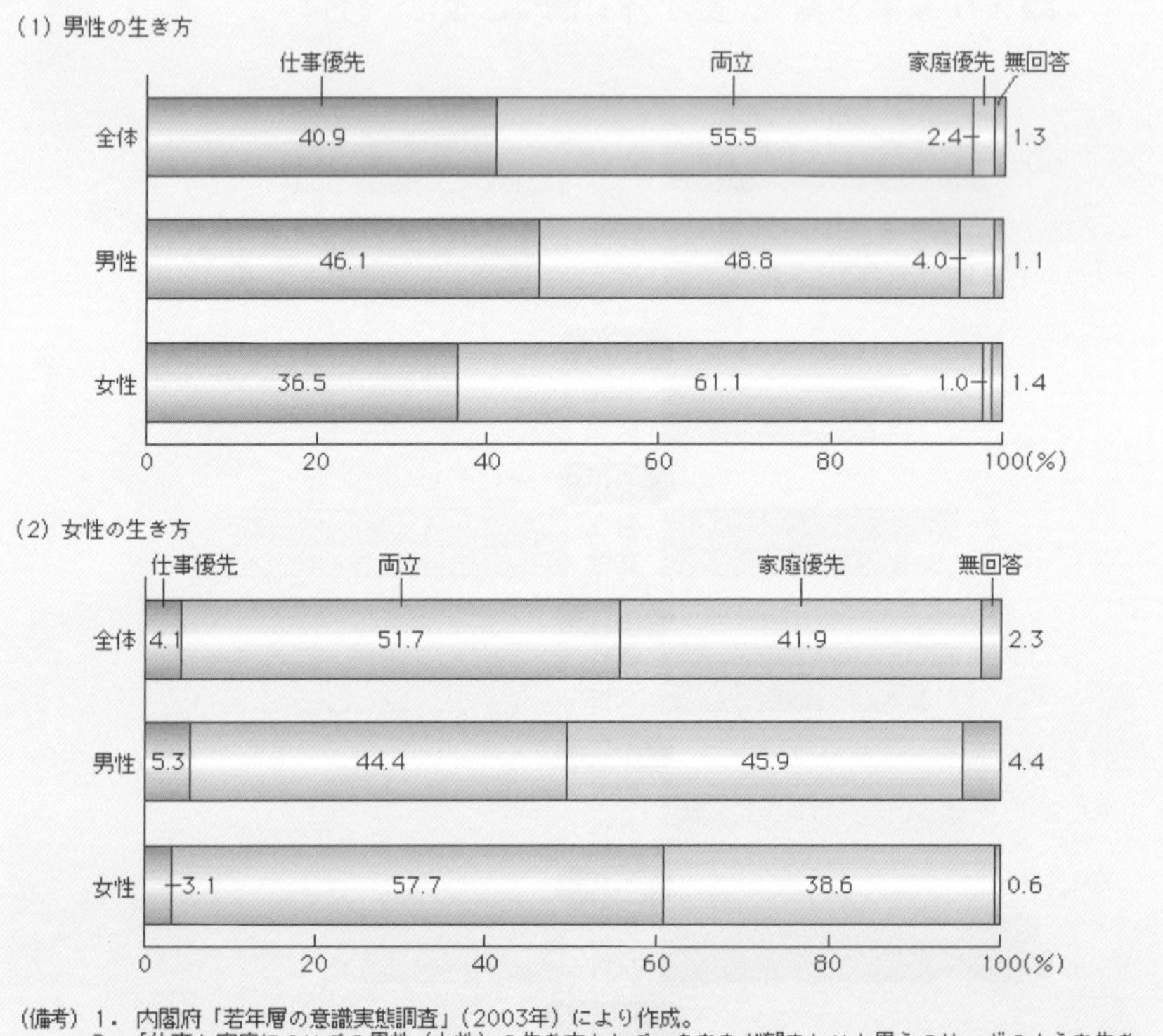

(備考) 1. 内閣府「若年層の意識実態調査」(2003年) により作成。
2. 「仕事と家庭についての男性 (女性) の生き方として、あなたが望ましいと思うのは、どのような生き方ですか。(○は1つ)」という問に対する回答者の割合。
3. 「仕事優先」は、「家事や地域活動は妻 (夫) に任せ、仕事に専念する」、「家庭や地域活動を尊重するが、あくまでも仕事を優先させる」と回答した人の割合の合計。「両立」は、「家事や地域活動を妻 (夫) と分かち合い、仕事と家庭を両立する」と回答した人の割合。「家庭優先」は、「どちらかといえば、仕事よりも、家庭や地域活動を優先させる」、「仕事は妻 (夫) に任せ、家事や地域活動に専念する」と回答した人の割合の合計。
4. 回答者は全国の学生を除く男女1,649人。

すらそうです。ポジティブな休みとしてとらえることが必要なのですね。

大貫　免許の書き替えも年休です。

松田　うちの「ライフプラン休暇制度」は、毎年休日が20日あるんですが、消化しないと3日ずつ翌年に繰り越されて、40日まで有効です。さらに、5年ごとに5日をプラスされて、もう、そろそろ飽和状態になります。ボランティア活動、地域活動、リフレッシュのために、休暇取得を促進しなければなりません。

吉原　40日間、一気に休めるのですか。

松田　そういう受け入れができればいいのですが、なかなか職場の理解や文化があるので。1週間くらいなら取りやすいようですが。うちは夏休みは固定ではなく、3ヵ月の間に5日間という決まりです。土日をプラスすれば、1週間～10日は休むことができます。ライフプラン休暇も同じように、休みを取りやすい文化をつくれればいいですね。人生は、仕事ばっかりじゃないんですから。

吉原　休暇や時短のシステムを再構築し、みんなの意識を変革していくことよって、プライベートや家庭生活が充実してくると思います。きょうはみなさんのお話をうかがって、ワーク・ライフ・バランスが実現する日は、もうすぐそこまで来ているような気がしてきました。引き続き、積極的な取り組みをしていきましょう。

OJT・OFF-JT・自己啓発の現状についての評価

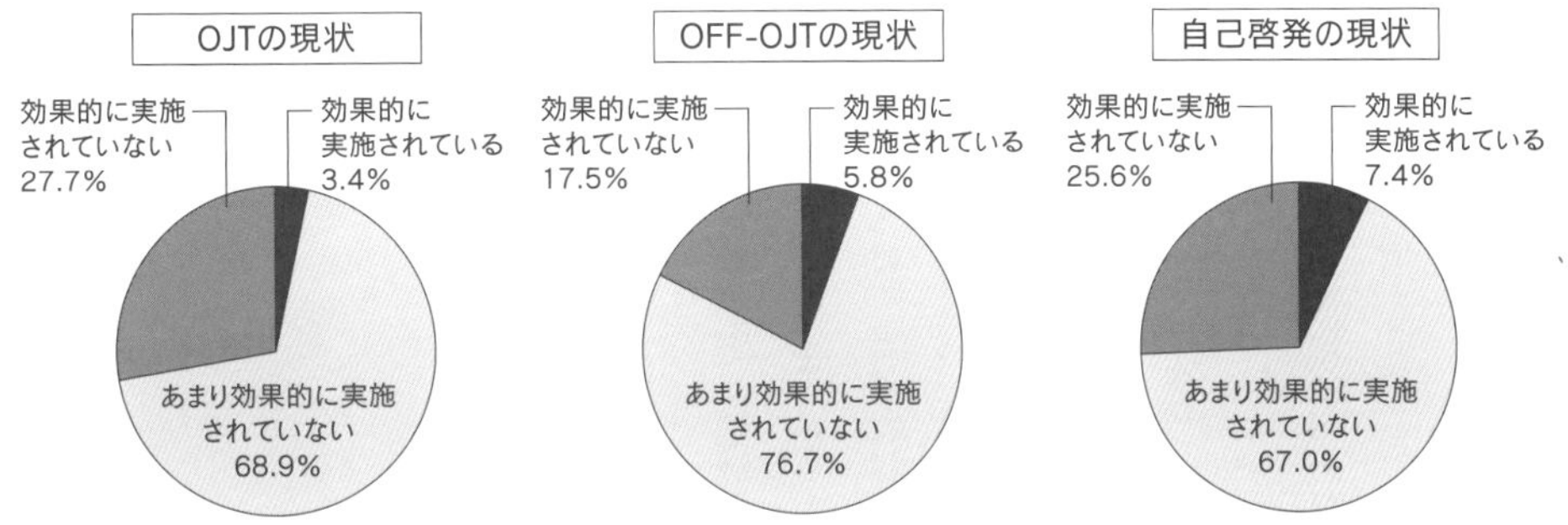

出所：産業総合研究所『企業と人材』Vol.35 No.800,　2002年9月20日　5頁

●OJTが効果的に実施されない理由（3つの選択の複数回答）
①管理者に部下育成のノウハウがない（51.8%）
②管理者が業務多忙で部下育成に手が回らない（47.2%）
③管理者に部下育成の意欲が乏しい（33.7%）

●OFF-JTが効果的に実施されない理由（3つの選択の複数回答）
①研修ニーズの把握が困難（52.6%）
②研修ニーズにあったプログラムが少ない（52.1%）
③経費削減で予算がとれない（47.9%）

●自己啓発が効果的に実施されない理由（3つの選択の複数回答）
①自己啓発の成果が人事考課・処遇に反映されていない（53.2%）
②業務多忙で自己啓発に時間がとれない（50.0%）
③自己啓発の意欲が乏しい（45.2%）

谷内篤博著「企業内教育の現状と今後の展望」より

やさしい解説

「次世代育成支援対策推進法」を活用して一人ひとりの"豊かな働き方"を支えよう

日本労働組合総連合会　総合男女平等局
稲葉　道子

「次世代育成支援対策推進法」って一体？

1
長い名前の法律だね。何回聞いても覚えられないよ。
次世代の育成を、支援するための対策を推進する法律なんだって。
2
それって少子化対策？
確かに少子化への予測が、きっかけになってるらしい。でも目的は、子どもが健やかに生まれ、育成される社会を作ることなんだ。
3
じゃあ、結婚の予定がない私たちには、とりあえず関係ないね。
4
ということではないのです!!

次世代法を使って、私たちに何ができるの？

「あなたたちの職場や家庭、地域を取り巻く環境は、良くなっていますか？」

ＹＥＳと答える人は、どれだけいるでしょう。働く現場では景気が悪いことを理由に、職場を良くする取り組みは後回しにされ、生産性の向上や利潤追求が最大の関心事になっていませんか。「いつリストラされるかわからない」という不安で、休みたくとも休めない、言いたいことも言えない職場も増えているのではないでしょうか。

次世代法は、歯止めがきかなくなってしまった少子化の流れを何とか食い止めようとしている政府の、少子化対策への取り組みの一環として成立したものです。

私たちにとって、次世代法が有用であると考えるのは、単に女性への子育て支援だけの対策ではなく、男性を含めた全ての働く者の「働き方の見直し」が課題として取り上げられているからです。そして、そういう視点での取り組みを、国・地域と共に事業者にも義務づけているところにあります。

過労死になるほど長時間・過重な労働が、主に男性の間に広まっています。一方、パートタイムなど非常に不安定で賃金の低い働き方を強いられる方々がどんどん増えています。

「こんな生き方で一生を終えてしまって、本当にいいのだろうか」

いまは、働くということの原点に立ち戻るべきときだと思います。それぞれの人の、その人らしい働き方・生き方を認め合えるような職場や社会に変えていく、重要な転換点だということです。

「労働」は日本国憲法により私たちに保障された基本的人権の一つです。私たちは働くことを通して、自らの生計を立てると共に、人間としての成長のきっかけをつかんできました。

「より人間らしい生き方につながる労働」を私たちが日々求めることが、閉塞感に満ちた職場の矛盾を解決する鍵であると思います。その意味で次世代法は、私たちがめざす職場や地域社会をつくるための、一つのツールとして利用できると思うのです。

この法が生まれた背景には、どんな要因があるの？

〈少子化の進行〉

次世代法（正式には「次世代育成支援対策推進法」と言います）は、昨2003年7月に施行されました。この法が生まれた背景には、合計特殊出生率（※1）が減り続け、2003年には1・29にまで低下したという、深刻な少子化の問題があります。少子化の要因は、結婚しない男女が増えたこと（未婚化）、結婚する年齢が高くなったこと（晩婚化）に加え、夫婦の出生力が1990年以降低下の一途をたどっていることが指摘されています。このまま対策を講じずに推移すると、2000年に1億2693万人であった日本の人口は、2100年には6414万人に減少すると予測されています。

こういった状況を背景にしてできた次世代法は、次世代育成へ向けて10年間の集中的取り組みを規定する、2015年までの時限立法です。

〈少子化対策基本方針〉

少子化の進行に対して、政府は1999年に少子化対策基本方針を決定しました。その中で、「少子化対策の推進に当たっては、次のような基本的視点に立つことが適当である」として、次の3点を掲げました。

①結婚や出産は、当事者の自由な選択に委ねられるべきものであること

②男女共同参画社会の形成や、次代を担う子どもが心身ともに健やかに育つことができる社会づくりを旨とすること

③社会全体の取組みとして、国民的な理解と広がりをもって子育て家庭を支援すること

少子化対策基本方針では「固定的な性別役割分業や職場優先の企業風土の是正」、「仕事と子育ての両立のための雇用環境の整備」などを基本に据えた施策が示されていましたが、結果として前述したように、少子化の流れに歯止めをかけることはできませんでした。

〈さらなる対策〉

政府は「次世代育成支援に関する当面の取組方針」を策定して、政府・地方公共団体・企業等が一体となって国の基本施策として次世代育成支援を進め、家庭や地域社会における「子育て機能の再生」を実現することを決めました。そこでは、

①男性を含めた働き方の見直し
②地域における子育て支援
③社会保障における次世代支援
④子どもの社会性の向上や自立の促進
⑤仕事と子育ての両立支援

を掲げています。

スケジュールとしては、次世代法の制定、児童福祉法の改正や育児・介護休業法など関連する法の整備を2003年・2004年に実施し、その後も必要に応じて取り組み方策を検討することとしています。

法の目的・枠組み・行動計画を教えてください。

〈目的〉

法第一条目的の項では、「基本理念を定め、国・地方公共団体・事業主・国民の責務を明らかにし、次世代育成支援対策推進のために必要な事項を定めることにより、次代の社会を担う子どもが健やかに生まれ、育成される社会の形成に資す

次世代育成支援対策推進法の概要

目　的
日本における急速な少子化の進行等を踏まえ、次代の社会を担う子供が健やかに生まれ、かつ育成される環境の整備を図る。

地域の行動計画
市区町村、都道府県が策定する地域の行動計画

事業主の行動計画

一般事業主行動計画
301人以上の企業等に策定の義務★
※郵政公社、特殊法人、独立行政法人等も該当

特定事業主行動計画
国・地方自治体の機関に策定の義務
※国、都道府県、市区町村警察、消防、裁判所、教育委員会等が該当

★一般事業主行動計画は、常時雇用する労働者が301人以上の場合義務付けられている。
★「常時雇用する労働者数」には、契約期間が1年未満の者、契約期間に定めがあり反復更新が無い者、日々雇用される者は含まれない。
★2005年4月1日以降に労働者数が増え、301人以上となった場合は、超えた時点で行動計画の策定・届出義務が生じる。

計画策定の時期等
行動計画は、いずれも2005年3月末日までに策定して、2005年4月1日から実施する。
・地域行動計画は、計画内容及び実施状況を公表
・一般事業主行動計画は、都道府県労働局へ届け出
・特定事業主行動計画は、計画内容を公表

る」ことを目的として示しています。

〈**枠組み**〉

目的を達成するために、①都道府県・市町村の「地域の行動計画」②事業主の行動計画を策定することが義務づけられました。

また、一般事業主行動計画の策定や雇用環境の整備に関する相談の受け皿として、経営団体が設置する「次世代育成支援対策推進センター」や、地域における次世代育成支援対策のための「次世代育成支援対策地域協議会」について規定されています。

〈**行動計画**〉

行動計画は、地域における行動計画（都道府県や市町村が策定する）と、職場の行動計画の二つに大別されます。さらに、職場の行動計画は、民間の一般企業が策定する「一般事業主行動計画」と国や地方自治体の「特定事業主行動計画」の二種類があります。

地域における行動計画では、計画策定に関する基本的な視点として、

①子どもの視点
②次代の親づくりという視点
③サービス利用者の視点
④社会全体による支援の視点
⑤すべての子どもと家庭への支援の視点
⑥地域に於ける社会資源の効果的活用の視点
⑦サービスの質の視点
⑧地域特性の視点

を持つこととされています。地域の計画は、これまでの児童育成計画（いわゆる地域版エンゼルプラン）を含む形で、行動計画の策定が規定されました。

特定事業主行動計画は、国・地方自治体や学校などで策定が義務づけられている、公務の職場での行動計画です。特定事業主行動計画は一般事業主行動計画と異なり、計画自体を公表することとされています。

一般事業主が策定すべき行動計画ってどんなもの？

〈**必ず計画に記載しなければならない事項**〉

次世代法では、①計画の期間　②計画の目標③目標達成のための対策と実施時期を計画に記載することと定めています。

ただし、求めているのは「記載すること」であって、内容の規定はありません。計画期間、目標、目標達成のための対策のいずれも「最低限やること」すら示されていません。言い換えれば、より多くの企業に行動計画策定の流れに乗ってもらいたい、という考えが強く、計画自体の内容＝効力は各企業の自主性に委ねられているのです。

〈**計画策定にあたっての基本的視点**〉

厚生労働省は、計画策定にあたっては、①労働者のニーズを踏まえて取り組むこと②企業全体での取組が重要であること③企業の実情を踏まえ、必要に応じて取り組むこと　④次世代育成については社会全体での支援が必要であるとの認識が必要であると指摘しています。

次世代法の規定に基づき策定された「行動計画策定指針（※2）」では、「一般事業主行動計画の策定に当たっての基本的視点」として前記4項のほか、⑤取組の効果という視点として、次世代育成支援対策の推進は将来的な労働力の再生産に寄与し、個々の企業にとっても当該企業のイメージアップや優秀な人材の確保・定着などの具体的なメリットが期待できるので、主体的に取り組むことが必要であること、また⑥地域における子育て支援の視点として、雇用されている労働者は同時に地域の構成員でもあるので、その地域での子育て支援の取組に積極的に参加することが期待されていることなどが示されています。

〈**計画策定の時期**〉

行動計画は２００５年３月末日までに策定して、２００５年４月１日から実施することとされています。

〈**計画策定後の届け出**〉

一般事業主行動計画は２００５年４月１日以降、速やかに都道府県の労働局へ計画を策定した旨を届け出ます。届け出の際、計画の内容を届ける必要はありません。

また、行動計画は一企業で一つの計画を策定するという位置づけなので、支社支店等がある企業の場合は、本社の所在するところの労働局へ提出することとなります。

〈**計画自体は届け出なくともよい**〉

一般事業主行動計画は、計画自体を届け出る必要はありません。だからこそ、現実的、効果的な行動計画を企業が策定するかどうかは、私たちの取組の成果が問われることであると言えます。

〈**行動計画策定の義務を負う企業**〉

行動計画は、常時雇用する労働者が３０１人以上（※3）の場合に義務づけられています。ここで言う「常時雇用する労働者」というのは、具体的には正社員・正職員だけでなく、いわゆるパートタイム労働者等でも一年以上の契約期間がある場合は該当します。また契約期間が一年以下であっても反復更新される場合も該当します。３００人以下の企業は努力規定となっています。

〈**計画の内容**〉

法的には計画に何を盛り込むか、計画期間をどう設定するか、などは企業の実態に合わせるということで、どういう形にするかの縛りはありません。

計画に盛り込む事項として厚生労働省は、

①子育て中の労働者だけでなく、男性も

含む全ての労働者の働き方の見直しにつながる項目
②子育て中の労働者の仕事と家庭の両立支援策
③対象を自社の労働者に限定しない取組を示しています。

厚生労働省は２００４年４月に「一般事業主行動計画策定マニュアル」を作成したほか、簡単なリーフレットも作って周知を図っています。

でも、法では計画内容が具体的に規定されていないので、企業の現状の制度に若干上乗せするようなイメージでお茶を濁すことも可能、ということになります。

だからこそ、私たちが取組を強めてより実効性のある、現実的な計画をつくることが重要となっているのです。

〈計画策定のフロー〉

行動計画が実効性を発揮するためには、企業の実情・風土に合わせたものが盛り込まれることが必要です。ですから汎用的な項目を考えるより、自社の実情を常に念頭において制度や仕組みを検討する必要があります。

日本労働組合総連合会（連合）では、「行動計画策定についての取組の手引き」を作成し、２００４年春季生活闘争での労使交渉の俎上に「行動計画の策定」を乗せるなど、労使協議による行動計画策定への取組を進めているところです。

計画策定の手順と留意点は、概ね図のように考えられます。

計画策定のフロー

1　計画策定のための体制を作る

・トップの理解…経営者が行動計画の意義・社会的価値を認識する
・責任の明確化…計画策定と実施の責任体制を社内で明確にする
・計画策定のための機関…担当セクションあるいは委員会等を設置する
・機関への様々な立場からの参画…労働組合や労働者、特に女性が参画する

↓

2　職場の実態を把握する

・実態を正しく把握するためには職場内の全ての労働者を対象にした調査が必要
・調査への回答者に対して不利益なことが生じないよう、配慮が必要

↓

3　計画内容の検討

・計画期間…２～３年程度を計画期間とし、見直しを可能にする。
（2005年から10年間は計画を立てていなければならないので、仮に２年の計画の場合は第５期までの計画（２年×５＝10年）を作ることとなります）。
・目標…各対策の目標は可能な限り数量化し、進捗・達成評価を容易にする。
・計画の対象…パートタイム労働者等も含め、すべての労働者を対象として考える。
・目標を達成するための対策…全ての労働者の働き方の見直し、子育ての支援(「妊娠・出産時の制度」と「子育て中の男女労働者に必要となる制度」)地域社会との連携を求める。

↓

4　計画決定と社内への周知

・計画した制度は就業規則・労使協定に規定する。
・計画とその意義について社内に周知・管理職教育を実施する。

↓

5　計画の届け出

・2005年４月1日以降速やかに都道府県の労働局へ届け出る。

↓

6　計画の進捗管理

・制度の利用状況のチェック。
・職場の雰囲気の点検。

↓

7　計画達成

・認定の申請。

↓

8　次の計画の策定

・前期の計画中に発見された問題点を抽出し、一歩進んだ計画を策定。

〈認定制度〉

一般事業主行動計画については、計画を実行して一定の成果をあげ、厚生労働省が示す「認定基準」を満たした企業に対して「認定」する制度が設けられています。認定の基準は左図に示す通りです。

認定基準は２００４年３月31日に公表されました。

認定制度は、認定基準を達成した企業は「認定マーク」の使用を認められるというもので、企業が子育てをしながら働きやすい環境の整備を進めていることを広く社会に知らせて、企業イメージの向上につなげようとするものです。

ともすれば、コスト面等で計画に否定的になりがちな企業に対しては、認定制度を利用して議論の場に誘うことが考えられます。

認定基準：次の要件を全て満たすこと。

①雇用環境の整備に関して、「次世代法に基づく行動計画策定指針」に照らして適切な行動計画を策定したこと。

②計画の期間は、２年以上５年以下であること。

③策定した計画を実施し、その計画に定めた目標を達成したこと。

④計画期間中に男性が１人以上、育児休業等（子が小学校に入学するまでの期間を対象とする)を取得したこと。

⑤計画期間中に出産した女性の70%以上が育児休業等（子が小学校に入学するまでの期間を対象とする）を取得したこと。

【中小事業主（常時雇用する労働者が300人以下の一般事業主）の場合の特例】

④⑤の基準を満たさないものについては、以下の基準を満たせば足りる。

・計画期間の開始前３年以内のいずれかの日において、男性労働者のうち、育児休業等をしたものがいること。

・計画期間の開始前３年以内の日の中小事業主が定める日から、当該計画期間の末日までの期間を計画期間とみなしたならば、その期間において出産した女性労働者の数に対する育児休業等をしたものの数の割合が70%以上であること。

⑥３歳以上(小学校に入学するまで)の子を養育する労働者に、育児休業制度または勤務時間短縮等の制度を設けていること。

⑦次のいずれかの措置を講じていること。

ア　所定外労働の削減

イ　年次有給休暇の取得の促進

ウ　上記ア･イ以外の、働き方の見直しのための､多様な労働条件の整備のための措置

⑧次世代法や次世代法に基づく命令等に違反していないこと。

労働組合や個人は、どう取り組めばいいの？

Ａ　労働組合の取組

〈計画策定へ、労働組合の積極的関与を〉

労働組合は、まず計画策定に積極的に関与することが求められます。そのことの意義は、一つにはもちろん仕事と家庭を両立させることが可能になる仕組みを職場の中で築いていくことにあります。

そのためには、男性も含めたすべての労働者の働き方を見直すことが必要とされます。現状では長時間の残業を強いられるような働き方が、「あたり前」とされています。長時間労働に就いているのは男性が圧倒的に多いのですが、そういう働き方を是とする考えを切り替えさせる、ということです。

実態を把握する

また、計画が実際に功を奏するためには、職場ごとの実情に添ったものにする必要があります。企業が状況を把握するときは、職制のラインのルートに頼ることが多いのですが、そうするとなかなか本音の部分が見えにくく、本当のニーズや本当の問題点を見落とすおそれがあります。

労働組合が組合員一人ひとりの意見・希望を背景にして、「使える制度」を計画に盛り込むことが重要になります。このためには、単にアンケート調査を実施すればいい、ということにはなりません。

仕事と家庭の両立についての見方

まず、組合役員と組合員が「仕事と家庭の両立」ということに対する認識を共有する必要があります。この際、自分の家庭や自分の家族を通して職場の人たちとの関係を見つめ直すと、これまで気づかなかったことが見えてきます。

たとえば、子どもの病気や保育所等の行事で休むことが多く、肩身の狭い思いをしているお母さんは、職場の中に数多くいることと思います。計画策定をきっかけに、そういう方々が安心して胸を張って働き続けることができるような制度をつくろう、ということだけではないのです。子どもの病気や行事などを、ほとんどすべてお母さんに任せ切っているお父さんが数多く存在することを忘れてはいけない、ということが重要なのです。このお父さんたちの働き方を見直し、変えることが大きな鍵となります。

実態把握の手法

職場の実態を把握するために有用な手法は、規模や業種など職場ごとに異なると考えられます。ですから、「どうやったら、現況を正しくつかむことができるか」を、一番に考えなければならないこととなります。

また、一回の調査やヒアリングなどで終わらせずに、何回かに分けて調査し、設問も段階的に議論しやすいものを工夫したり、職場集会や職場委員会などと組み合わせて意見を採り入れることも検討すべきです。

労働組合活動の見直し

計画策定に労働組合が関与する意義の二つ目として、これまでの労働組合の活動の見直しのきっかけにすることができる、という点があります。つまり、①しっかりと実態を把握すれば、内に抱えている矛盾や問題点が自ずと見えてくる②労働組合自体が固定的な「働き方」を

前提に活動を進めようとしているのではないか、という視点での検討を促す③パートタイム労働者などの組合員以外の方々との関係が深まる（実態調査や計画の対象にはパートタイム労働者等も含めること、職場の雰囲気づくりには職場にいるすべての人たちの協力が必要となることなどから、組合の組織化の対象者自体の見直しにつながる可能性もあります）。

〈計画の進捗管理・次のステップへ〉

行動計画への取組は、計画を策定することだけではありません。むしろ、策定後の計画の進捗管理や、職場の状況の変化等を点検し、次のステップへ向かうことに、より多くの力を注ぐべきであると思います。たとえば、新たに設けた制度が使われているか、制度を利用した人が不利益を被っていないか、制度を設けたことで職場の雰囲気が変わったか（良く、あるいは悪く）など、職場の状況変化を受け止め、次に必要となる施策を検討する必要があります。

労働組合はここでもより先進的な役割を担い、組合員をはじめ職場で働く方々の率直な意見を集約して、企業に対し積極的に提言すべきです。

特定事業主行動計画の策定が義務づけられている公務の職場では、民間企業より高い水準の計画が求められていることを受け止め、地域の中などで行動計画策定への取組の推進力となるよう、目標などに工夫をすることも重要です。

B　一人ひとりの取り組み

これまで私たちは、「仕事と家庭の両立」というと、保育所の整備を真っ先に頭に浮かべてきました。もちろん、安心して子どもを預けることのできる施設整備の重要性は言うまでもありません。このことは、地域の行動計画の中に積極的に、働く者としての意見を述べていくことにつながります。

一方、育児・介護休業法が整備されて、法的には、子どもが生まれたのち、職場を辞めずに一定期間休業することが可能になりました。とは言え、実際には「育児休業の取得を申し出たら辞めてくれと言われた」「育児短時間制度を利用していると、この人は使いにくいから別の部署に移って欲しいと言われた」などという話は珍しくなく、「子どもを育てながら働く」ことが市民権を得ている職場はまだ少ないというのが現状であろうと思います。

「子どもを育てる」こと自体はそんなに特別なことではないはずですから、子どもを育てている労働者が職場に居にくくなるような環境はおかしい、という感覚に確信を持つべきです。しかも、そういうおかしな雰囲気を作り出している本人が、実は子どもを持っていることも多いのです。

確かに子どもが幼い間は、子どもの病気などでどうしても仕事を休む頻度は高くなります。仕事に集中できる時間が限定されるということでしょうか。でも、そのことだけで、職場で邪魔者扱いにする、というのはやはりおかしい。逆に、子どもの具合等に合わせて気持ちよく休暇が取れる職場は、どんな職場か考えてみましょう。

職場内で働く人たち同士の信頼関係がある。誰もが誇りを持って自分の力を発揮できる。仕事の調整が柔軟に行われる。長時間残業などの長時間労働が少ない。企業が、子育て中の方を含め、従業員の私生活に配慮している。企業の規模や業種などにより、その他さまざまな要素は考えられますが、いずれも、私たちにとって、より良い職場であると思います。

女性が子どもを育てる主体、男性が職場で働く主体、といった固定的な役割分担にとらわれず、共にいきいきと働く中で、子育てや地域の活動などその人らしい活動をして生きていく、ということを中心に据えて考えてみましょう。

私たち自身が「子どもを育てながら働く」ということの意味をもう一度考えるべきときにきているのです。行動計画の策定をきっかけにして、このことを職場で同僚と、あるいは上司や部下と話し合ってみるべきだと思います。

一人ひとりが、豊かな働き方ができる職場づくりを！

いろいろと話を進めてきましたが、次世代法に規定される行動計画については、実は「知らない」と答える方が圧倒的に多いのです。企業も、労務担当者がしっかりとしていないような場合は、自分の会社に義務づけられていることを知らないというケースは、珍しいことではありません。

私たちの取組の第一歩は、まず自分の職場の中で、声を出して、行動計画について話し合うところから始まるのだと思います。自分の働き方はこれでいいのか、見つめ直すことです。

そして、行動計画をきっかけにして、私たちが「安心して働くこと」「自分らしく生きること」を実現できる職場を作っていきましょう。

※1：合計特殊出生率＝一人の女性が生涯に産む子供の数

※2：行動計画策定指針＝次世代法の規定により2003年8月に関係7大臣告示で、背景及び趣旨、次世代育成支援対策の実施に関する基本的事項、各行動計画の策定に関する基本的事項・内容等が示されています。

※3：一般事業主行動計画策定義務で301人以上というときの「雇用労働者」＝契約の期間に定めがない労働者のほか、期間に定めがある場合でも1年以上の場合、反復更新される場合は該当します。

連合男女雇用機会均等法改正要求

第43回中央委員会／2004. 10. 6

Ⅰ．男女雇用機会均等法関係

1．総　則

⑴　法律名の変更

連合の要求：男女労働者を対象とした、性差別を禁止する法律に変える。

理　由：雇用における男女平等を達成するため

【法案】
法律名を「男女雇用平等法」と改称する。

⑵　男女双方に対する差別の禁止

連合の要求：差別禁止の対象を、男女双方とする。

【法案】
現行法第2条、第4条、第11条乃至14条の「女性労働者」を「男女労働者」とし、第5条乃至8条を「労働者の性別を理由として差別的取扱いをしてはならない」とする。

⑶　法の目的および理念、基本方針（現行法第1～4条関係）

連合の要求：「男女労働者の仕事と生活との調和を図ること」を目的に「男女労働者が仕事と生活を調和することができるようにする」を基本理念に、「男女労働者の仕事と生活の調和」を啓発活動に、「男女労働者の仕事と生活の調和に関する事項」を基本方針に加える。

【法案】
現行法第1条を「この法律は、法の下の平等を保障する日本国憲法の理念にのっとり、男女労働者の仕事と生活の調和をはかり、雇用の分野における男女の均等な機会及び待遇の確保を図るとともに、女性労働者の就業に関して妊娠中及び出産後の健康の確保を図る等の措置を推進することを目的とする。」と改正する。

現行法第2条1項を、「この法律においては、男女労働者が性別により差別されることがないこと、女性労働者の妊娠・出産に関する保護を十分に受けること、および男女ともに仕事と生活の調和が確保されることにより、充実した職業生活を営むことができることをその基本理念とする」と改正する。

現行法第3条を「国及び地方公共団体は、雇用の分野における男女の均等な機会及び待遇の確保等について国民の関心と理解を深めるとともに、特に、男女労働者の仕事と生活の調和、雇用の分野における男女の均等な機会及び待遇の確保を妨げている諸要因の解消を図るため、必要な啓発活動を行うものとする」と改正する　現行法第4条第2項に、「男女労働者の仕事と生活の調和に関する事項」を第4号を追加する。

⑷　差別概念について

連合の要求：間接差別を明文で禁止する。

理　由：直接差別は禁止されていても、間接差別に形を変えた実質的な差別は無くならない現状にある。このため、間接差別を明確に規定し、禁止する必要がある。

* * * * * * * * * * * * * * * * * *　　　* * * * * * * * * * * * * * * * * *

※間接差別：一般的に、間接差別とは、外見上は性中立的な規定、基準、慣行等（以下「基準等」という）が、他の性の構成員と比較して、一方の性の構成員に相当程度の不利益を与え、しかもその基準等が職務と関連性がない等合理性・正当性が認められないものを指すと理解できる。
（男女雇用機会均等政策研究会報告書・厚生労働省　平成16年6月）

厚生労働省の研究会では、間接差別として考えられる典型的な事例についてイメージを示すため、これまで間接差別に該当するのではないかと指摘されていたものを中心に検討を加えた結果が示されている。間接差別に該当するかどうかについては、いずれの事例も実際には個別具体的な事案ごとに事実認定を行い、判断していくものである、とされている。

【間接差別として考えられる例】
（※②、④、⑥、⑦については異論もあったことが併記されている）

①　募集・採用にあたって一定の身長・体重・体力を要件としたことにより、女性の採用が男性に比べ相当程度少ない場合において、当該基準等の合理性・正当性に関する以下のような使用者の抗弁が認められない場合
・～略～　職務関連性があること
・他の方法によって身長・体重・体力を補う事が困難である　～略～　など

※②　総合職の募集・採用にあたって全国転勤を要件としたことにより、女性の採用が男性に比べ相当程度少ない場合において、当該基準等の合理性・正当性に関する以下のような使用者の抗弁が認められない場合

・～略～　異なる地域の支店・支社で管理者としての経験を積むこと　～略～　等が、幹部としての職務能力の育成・確保に必要であること

・～略～　業務上の必要性があること

・実際の運用に当たっては、～略～　個々の労働者の状況に配慮する等労働者の不利益を緩和する措置を講じていること　～略～　等

③　募集・採用にあたって一定の学歴・学部を要件としたことにより、女性の採用が男性に比べ相当程度少ない場合において、当該基準等の合理性・正当性に関する以下のような使用者の抗弁が認められない場合

・～略～　職務関連性があること　　以下略

※④　昇進にあたって転居を伴う転勤経験を要件としたことにより、昇進できる女性の割合が相当程度男性よりも少ない場合において、当該基準等の合理性・正当性に関する以下のような使用者の抗弁が認められない場合

・昇進後の職務が、異なる地域の支店・支社での管理者としての経験　～中略～　等を必要とすること　　以下略

⑤　福利厚生の適用や家族手当等の支給にあたって住民票上の世帯主（～略～）を要件としたことにより、福利厚生の適用や家族手当等の支給を受けられる女性の割合が男性に比べ相当程度少ない場合において、当該基準等の合理性・正当性に関する以下のような使用者の抗弁が認められない場合

・原資に制約があることから、福利厚生の適用や家族手当等の支給の対象を絞ることが制度の目的や原資の配分上合理的であること　　以下略

※⑥　処遇の決定にあたって、正社員を有利に扱ったことにより、有利な処遇を受けられる女性の割合が男性に比べ相当程度少ない場合において、当該基準等の合理性・正当性に関する以下のような使用者の抗弁が認められない場合

・正社員とパートタイム労働者の間で職務の内容や人材活用の仕組みや運用などが実質的にことなること　等　　（～略～）

※⑦　福利厚生の適用や家族手当等の支給にあたってパートタイム労働者を除外したことにより、福利厚生の適用や家族手当等の支給を受けられる女性の割合が男性に比べ相当程度少ない場合において、当該基準等の合理性・正当性に関する以下のような使用者の抗弁が認められない場合

・人材活用の仕組みや運用、労働者の定着への期待などが実質的に異なること　　以下略

＊＊＊＊＊＊＊＊＊＊＊＊＊＊＊＊＊＊　　＊＊＊＊＊＊＊＊＊＊＊＊＊＊＊＊＊＊

【法案】

①　間接差別の禁止

ア　適用する規定、基準または慣行が、他の性の労働者と比較して、一方の性の労働者に不利益を与える、かつ、不利益が相当程度大きいとき

イ　かつ、これらの規定などの適用について、事業主が正当であることを立証できない場合

②　指針

厚生労働大臣は、 間接差別に関し、事業主が適切に対処するために必要な指針を定める。

2．各　論

(1)　差別の禁止

1）募集および採用における差別的取扱いの禁止（現行法第5条関係）

連合の要求：募集および採用について性別による差別的取扱いを禁止する。

【法案】

現行法第5条の募集および採用については、「事業主は、労働者の募集および採用について、性別により差別的取扱いをしてはならない」と改正する。

2）職務の与え方、その他の労働条件などに関する差別の禁止（現行法第6条関係）

連合の要求：職務の与え方およびその他の労働条件に関する差別をあらたに禁止する。

理　由：個別的な仕事差別が解決されていないため

【法案】

現行法第6条を、「事業主は、労働者の配置、職務の与え方、昇進及び教育訓練その他の労働条件について、性別を理由として差別してはならない」とする。

(2) 妊娠・出産に関する保護

1）妊娠・出産を理由とする不利益取り扱いの禁止（現行法第8条関係）

連合の要求：妊娠・出産を理由とする不利益取扱いを禁止する。

理　由：現行均等法では、妊娠・出産に関して、定年・退職・解雇に関する差別を禁止しているだけで、それ以外を禁止していないため。

【法案】

現行法第8条3項を、「事業主は、婚姻・妊娠・出産を理由に、あるいは妊娠・出産に起因する状態、又は第22条、第23条の措置を受け、あるいは受けようとしたこと、ないし労働基準法（略）第65条第1項若しくは第2項の規定による休業をし、あるいはしようとしたこと、その他、女性労働者が妊娠・出産に関する権利を行使したことをを理由として、解雇その他の不利益取扱いをしてはならない」と改正する。

(3) 積極的改善措置（ポジティブ・アクション）（現行法第20条、第26条関係）

連合の要求：事業主にポジティブ・アクション行動計画の策定と実行の義務を明文化する。
ただし、3年に限り、100人未満の事業主については努力義務とする。

理　由：現行均等法では、ポジティブ・アクションは事業主の任意とされており、職場の格差是正が立ち後れている状況にあるため

【法案】

① 雇用の分野における男女の雇用平等の支障となっている事情を改善することを目的とする事業主の措置（ポジティブ・アクションという）は、雇用における性差別と解されてはならない。

② 事業主は、ポジティブ・アクションに関する以下の行動計画（行動計画という）を作成しなければならない。ただし、本法施行後3年に限り、常時使用される労働者が100人未満である事業主については作成するよう努めるものとする。

i）その雇用する男女労働者の採用、配置、昇進その他雇用に関する状況の分析

ii）前号の分析に基づき、雇用の分野における男女平等の支障となっている事情を改善するにあたって必要となる計画

iii）前号の計画で定める措置の実施

iv）前3号の措置を実施するために必要な体制の整備

③ 事業主は、2年ごとに、前項の行動計画および履行状況を都道府県労働局長に届出なければならない。

④ 国は、事業主に対し、ポジティブ・アクションの計画および実施につき、相談その他の援助をすることができる。

⑤ 厚生労働大臣は、ポジティブ・アクションに関する指針を定めるものとする。

現行法第26条に「第20条」を追加し、「厚生労働大臣は、第5条から第8条まで及び第20条の規定に違反している事業主に対し、前条第一項の規定による勧告をした場合において、その勧告を受けた者がこれに従わなかつたときは、その旨を公表することができる。」と改正する。

(4) セクシュアル・ハラスメント（現行法第21条関係）

連合の要求：事業主に、セクシュアル・ハラスメントの防止と事後の適正対応を義務づける。
セクシュアル・ハラスメントの定義に「性別役割分担意識に基づく言動」を加える。

【法案】

現行法第21条第1項を、「事業主は、性的な言動および性別役割分担意識に基づく言動（性的な言動等という）に対するその雇用する労働者の対応により当該労働者がその労働条件により不利益を受け、又は当該性的な言動等により当該労働者の就業環境が害されることのないよう防止措置と事後的な適正対応措置をとらなければならない」とする。

また、第2項に、「事業主は、労働者が前項の事項につき苦情あるいは申立てをしたことなどを理由として、解雇その他の不利益取扱いをしてはならない」との規定を新たに加え、現行法の第2項を第3項とする。

(5) 差別救済制度

連合の要求：① 政府から独立した性差別救済委員会を都道府県単位で設置する。

② 救済の対象は、労働者の募集・採用、配置・昇進、教育訓練、福利厚生、定年・退職・解雇、賃金その他の労働条件に関する性差別のほか、セクシュアル・ハラスメントとする。

③　救済申立てを理由とする不利益取扱いを禁止する。
④　差別の合理的根拠を示す証拠及びその裏付け資料の提出義務が事業主にある。
⑤　資料の提出がない場合、あるいは資料の提出があっても合理的根拠が認められない場合には、差別を認定して是正を勧告できるようにする。
⑥　事業主がこの勧告に従わない場合は刑罰を科す。
⑦　性差別救済委員会は差別是正命令を発することができ、この命令を履行しない場合も刑罰を科す。
⑧　申し立てした労働者を緊急に救済することが必要な場合は、緊急命令を発することができる。

理　由：現行法では、あらゆる差別の迅速かつ適正な是正という要請に応えられていないため。

Ⅱ．労働基準法・健康保険法関係

1．女性に対する労働条件差別の禁止（現行法第３条関係）

連合の要求：性別を理由とする労働条件差別禁止を明文化する。

【法案】
現行法第３条を、「使用者は、労働者の国籍、性別、信条または社会的身分を理由として、賃金、労働時間その他の労働条件について差別的取扱いをしてはならない」と改正する。

2．妊娠・出産保護内容の拡充（健康保険法第102条）

連合の要求：産前産後休業中の健康保険からの給付率を、標準報酬月額の７割に引き上げる。

理　由：ＩＬＯ第183号条約（2000年の母性保護条約）では、産前産後休暇中の金銭給付は従前の３分の２以上とすることが規定されている。現行の健康保険法では60％という給付率を、国際条約を批准できる水準まで引き上げるため。

Ⅲ．そ　の　他（指針・規則関係）

1．指針上の雇用管理区分の削除（均等法指針）

連合の要求：「雇用管理区分」を規定している「募集及び採用並びに配置、昇進及び教育訓練について事業主が適切に対処するための指針」の、「雇用管理区分」の項を削除する。

理　由：かつての男女別の雇用制度が、「指針」の雇用管理区分に基づく「コース別雇用管理」に姿を変えただけで、男女差別を温存するもととなっている現状がある。一方、どのようなことが差別にあたるかの考え方を指針で明らかにすることは必要であるため、現行指針を改正し、募集及び採用、配置、昇進及び教育訓練の男女差別の認定を、雇用管理区分ごとに行う現行の考え方を廃止する。

＊＊＊＊＊＊＊＊＊＊＊＊＊＊＊＊＊＊＊　　＊＊＊＊＊＊＊＊＊＊＊＊＊＊＊＊＊＊＊

※雇用管理区分：雇用管理区分とは、職種、雇用形態、就業形態等や勤務地の違いなどの区分で、その区分により制度的に異なる雇用管理を行うことを予定しているもの（「指針」７の(2)）。現行均等法では、同じ区分の中での男女差別を禁止しているが、区分が異なる場合（例えば「一般職」と「総合職」など）においては、処遇の基準を変えることは認められている。

連合均等法施行後の職場実態調査結果では、コース別雇用管理を行っている会社では過半数が「総合職はほとんどが男性」という実態であり、コース別雇用管理制度が職場の男女差別の温床となっていることがうかがえる。

＊＊＊＊＊＊＊＊＊＊＊＊＊＊＊＊＊＊＊　　＊＊＊＊＊＊＊＊＊＊＊＊＊＊＊＊＊＊＊

2．産後１年を経過しない女性への「土砂が崩壊するおそれがある場所・深さが５ｍ以上の地穴における業務」「高さが５ｍ以上で墜落により危害を受けるおそれのあるところにおける業務」の制限（労働基準法第64条の３　労働基準法女性労働規則第２条第２項関係）

連合の要求：「土砂が崩壊するおそれのある場所又は深さが５ｍ以上の地穴における業務」および「高さが５ｍ以上の場所で、墜落により労働者が危害を受けるおそれのあるところにおける業務」は、産後１年を経過しない女性から申し出があれば就業させることができないこととする。

理　由：現行は妊娠中の女性のみを就業制限の対象としている。妊娠中の女性及び産後１年を経過しない女性への保護の拡充のため、労働基準法女性労働基準規則第２条第２項の「産後１年を経過しない女性が当該業務に従事しない旨を使用者に申し出た場合は就かせてはならない業務」に追加する。

Ⅳ．継続して検討する事項

1．坑内労働の禁止の廃止について（労基法第64条の２）

連合の要求素案：妊産婦以外の女性労働者に対する坑内労働を禁止する規定を廃止する。
妊産婦に対しては、坑内労働について申出があれば就労させてはならない業務とする。

※１．条文廃止の理由

連合の上記要求素案は、技術革新などにより、安全衛生面での整備も進んできたことなどから、女性の職域を拡大するという考えによる要求である。

２．素案に対する意見

① 廃止への反対や慎重な対応を求める意見

② 激変緩和措置を求める意見など様々な意見が寄せられた。

３．取扱い

継続検討事項と位置づけることとし、2005年３月に結論を得ることを目途に検討を続けることとした。

以　上

パート・有期契約労働法（連合要求法案）

第７回定期大会／2001年10月

パートタイム労働者及び期間の定めのある労働契約により雇用されている労働者（有期契約労働者）の適正な労働条件の整備及び均等待遇の確保に関する法案要綱骨子（案）

＜総　　則＞

1．目　　的

この法律は、労働基準法と相まって、パートタイム労働者及び有期契約労働者の適正な労働条件の整備及び雇用の場における均等待遇の確保を目的とする。

2．定　　義

この法律において、各用語の意義は次のものとする。

(1) パートタイム労働者

一週間の所定労働時間が同一の事業所又は同一の企業に雇用される通常の労働者の一週間の所定労働時間に比して短い労働者

(2) 有期契約労働者

期間の定めのある労働契約によって雇用される労動者

(3) 通常の労働者

当該労働者と同一の事業所又は同一の企業に期間の定めのない労働契約で雇用される労働者で、そこにおいて一般的な所定労働時間で勤務する労働者

(4) 類似の通常の労働者

通常の労働者であって、パートタイム労働者又は有期契約労働者と同種又は比較可能な業務に従事する労働者

3．パートタイム労働者及び有期契約労働者の雇用の場における均等待遇の原則

使用者は、合理的理由がある場合を除いて、パートタイム労働者及び有期契約労働者の処遇（労働基準法にいう労働条件）について、所定労働時間が短いこと又は労働契約に期間の定めがあることを理由に、類似の通常の労働者と差別的取り扱いをしてはならない。

4．社会保険等の加入に関する使用者の義務

使用者は、労働保険、社会保険について、その被保険者資格を有するパートタイム労働者及び有期契約労働者を当該保険に加入させなければならない。

5．労 使 協 議

使用者は、パートタイム労働者及び有期契約労働者の労働条件等について、当該事業場に労働者の過半数で組織する労働組合がある場合においてはその労働組合、労働者の過半数で組織する労働組合がない場合においては労働者の過半数を代表する者と協議を行うものとする。

6．就業規則の作成、変更

使用者は、パートタイム労働者及び有期契約労働者に適用される就業規則の作成又は変更について、パートタイム労働者又は有期契約労働者の代表の意見を聴かなければならない。

＜パートタイム労働者の処遇＞

7．賃金支払いの原則

使用者は、合理的理由がある場合を除いて、時間当たりに換算した賃金について、パートタイム労働者を類似の通常の労働者と差別的取り扱いをしてはならない。類似の通常の労働者との賃金にかかわる差別的取り扱いの判断基準については厚生労働大臣がその指針を定めるものとする。

8．時間外労働

使用者は、労働者のその都度の同意を得なければ、パートタイム労働者に契約上の労働時間を超えて労働を命じてはならない。この労働を命じた場合には、使用者は、労働基準法第37条に定める割増賃金を支払わなければならない。

9．雇用・就労形態の転換

使用者は、労働者が、通常の労働からパートタイム労働への転換を希望したとき、又はパートタイム労働から通常の労働への転換を希望したときは、その転換を容易にする措置を講ずるよう努めなければならない。

＜有期契約労働者の処遇＞

10．有期労働契約の許容

(1) 使用者は、一定の事業の完了に必要な期間を定める場合には、期間の定めのある労働契約を締結することができる。

(2) 使用者は次の各号のいずれかに該当する場合は、3年を超えない範囲で期間の定めのある労働契約を締結することができる。

① 新商品、新役務若しくは新技術の開発又は科学に関する研究に必要な専門的な知識、技術又は経験（以下、この条において「専門的知識等」という）であって高度のものとして厚生労働大臣が定める基準に該当する専門的知識等を有する労働者（当該高度の専門的知識等を有する労働者が不足している事業場において、当該高度の専門的知識等を必要とする業務に新たに就く者に限る）との間に締結された労働契約

② 事業の開始、転換、拡大、縮小又は廃止のための業務であって、一定の期間内に完了することが予定されているものに必要な専門的知識等であって高度のものとして厚生労働大臣が定める基準に該当する専門的知識等を有する労働者（当該高度の専門的知識等を有する労働者が不足している事業場において、当該高度の専門的知識等を必要とする業務に新たに就く者に限る）との間に締結された労働契約（前号に掲げる労働契約を除く）

③ 満60才以上の労働者との間に締結される労働契約（前2に掲げる労働契約を除く）

(3) 使用者は、次の各号に該当する場合には、1年を超えない範囲で期間の定めのある労働契約を締結することができる。

① 休業中の労働者の業務を補充するために雇用する場合

② 一時的な業務の増大に対応するために雇用する場合

③ 業務の性質上一時的な労働のために雇用する場合

④ その他これらに準ずる合理的理由がある場合

これらの定めに違反する期間の定めのある労働契約が締結された場合、期間の定めのない労働契約が締結されたものとみなす。

11．契約期間と期間を定める理由の明示

使用者は、期間の定めのある労働契約の締結に際し、契約期間及び当該労働契約に期間を定める理由を書面により明示しなければならない。

12．契約の更新

10(2)の労働契約は、3を除き、1回に限り1年以下の期間を定めて更新することができる。

10(3)の労働契約は、1回に限り更新することができる。

13．賃金支払いの原則

使用者は、合理的理由がある場合を除いて、時間当たりに換算した賃金について、有期契約労働者を類似の通常の労働者と差別的取り扱いをしてはならない。

14．空きポストに関する情報提供

使用者は、期間の定めのない労働契約による雇用を計画している場合、有期契約労働者に対してその情報を提供しなければならない。

＜その他＞

15．罰　則

前掲4、10に違反した者は、これを100万円以下の罰金に処する。前掲11に違反したものは、これを30万円以下の罰金に処する。

16．両罰規定

法人の代表者又は法人若しくは人の代理人、使用人その他の従業者が、その法人又は人の業務に関して前条の違反をしたときは、行為者を罰するほか、その法人又は人に対しても前条の刑を科する。

17．経過規定

前掲7パートタイム労働者の賃金に関する規定、13有期契約労働者の処遇に関する規定については、5年間の経過規定を設けるものとする。

概要図

「均等待遇」の判断基準と実践の方法

第19回連合中央執行委員会　2003年2月

1.「均等待遇」の判断基準

連合「パート・有期契約労働法　法案要綱骨子案」

使用者は、合理的理由がある場合を除いて、パートタイム労働者及び有期契約労働者の処遇（労働基準法にいう労働条件）について、所定労働時間が短いこと又は労働契約に期間の定めがあることを理由に、類似の通常の労働者と差別的取り扱いをしてはならない。

◆「合理的理由」の判断要素・基準◆

「合理的理由」となるもの
★「職務」の違い
・職務内容の難易度
・労働の負荷（肉体的・精神的負担、労働環境）
・業務に要求される知識・技能（熟練度資格・免許など）
・責任の度合い（業務に対する責任、利益目標に対する責任）
★職務遂行能力の違い（キャリア、勤続、公的資格等）
★成果・業績の違い

「合理的理由」とならないもの
★学歴・性別
★所定外労働の可能性の有無
★兼業規制の有無
★雇用契約期間の違い
★採用手続きの違い

一律に「合理的理由となる」と言えないもの
★労働時間、休日、夏季休暇など休暇設定の自由度
★配転／転勤の可能性の有無
★雇用管理区分の違い

◆均等にすべき処遇・労働条件◆

〈時間比例する労働条件〉

「合理的理由」がない場合には、時間比例させるもの
☆定期的賃金　☆一時金・臨時賃金
☆年次有給休暇等の休暇（労働日数に比例）
☆職務関連手当　☆生活関連手当

〈時間比例になじまない労働条件(制度・ルール)〉

「合理的理由」がある場合を除き、同様の制度を適用
☆配置のルール　☆昇進のルール
☆異動のルール　☆退職金・退職手当
☆教育訓練の機会

「合理的理由」の有無にかかわらず同様の制度を適用
☆安全衛生　☆通勤手当　☆定年(期間の定めのない雇用の場合)
☆解雇手続き(期間の定めのない雇用の場合)
☆施設の利用等その他福利厚生　☆慶弔等の休日・休暇

◆救済制度◆

●企業内●
パート労働者を入れた「不服申し立て・苦情処理制度」の設置

●企業外●
現行のしくみ（労働委員会、労働局長の助言・指導、紛争調整委員会によるあっせん、機会均等調整委員会による調停）の機能拡充

2.職場段階で均等待遇を実践する方法

○取り組みの手順：職場実態に応じて段階的に取り組む○

◆法律事項の点検◆
労働条件明示など、労働基準法等の規定・指針が守られているかどうか。

◆パートタイム労働者の処遇の点検◆
1.の判断基準を踏まえて、処遇実態の確認・フルタイム労働者との比較。

◆パートタイム労働者の処遇決定への参加◆
組織化（組合加入）の促進、処遇決定への関与・参加を確保。

◆人事処遇制度の確立◆
パートタイム労働者を一括りにする雇用管理区分の見直し。仕事に応じた人事処遇制度の確立。

○賃金

〈賃金制度がある企業・事業所の場合〉
①初任賃金（勤続ゼロ年）を同じにする。
②賃金制度を同じにして、時間比例を則とする。

〈賃金制度がない企業・事業所の場合〉
①賃金制度をつくる。
②初任賃金を、同一・類似の労働の初任賃金にあわせる。
③職務・仕事・キャリア・勤続の近いフルタイム（常用）労働者と、その度比較を行い、時間比例に近づける。

○一時金・退職手当

◇同じ労働の場合→同じ支給基準に
◇類似の労働の場合→一定割合の支給基準に。

パートタイム労働者の処遇決定への関与・参加

パートタイム労働者が組合員の場合
パートタイム労働者の職場討議
役員選出、執行機関への参画・参加
団体交渉・労使協議への参画・参加
▽
労働条件決定への参画・参加
賃金改定の要求づくり
労働協約の締結・見直し
就業規則改定等の参画

パートタイム労働者が組合員ではない場合
パートタイム労働者へのアンケート
相談活動、対話集会
▽
パートタイム労働者の実態・要望を把握
▽
労使協議による間接的な参画
パートタイム労働者の処遇に関する事項
賃金改定、処遇制度、
福利厚生、就業規則等

○賃金の比較・「時間あたり賃金」の算出方法

◇賃金の比較は、「時間あたりの賃金」による。
◇「時間あたり賃金」の算出方法：月例賃金をベースに算出する。

$$\text{時間あたり賃金} = \frac{\text{月例賃金}}{\text{月間の所定内労働時間}}$$

※職務関連手当・生活関連手当とも、月例賃金に含める。

○救済制度　個別労使は「不服申し立て・苦情処理制度」を設置。

○雇用契約ルールの整備

有期契約の契約期間・理由の明示	更新ルール 無期雇用への転換制度	フルタイムへの転換制度

パート労働者の均等待遇・組織化をすすめるためのチェックシート & 連合・パート労働者等実態調査

※「連合・パート労働者等実態調査」はここには掲載しておりません。

職場にパートタイム労働者はいますか？
労働基準法など労働条件の最低基準は守られていますか？

このチェックシートは、パートタイム労働者の労働条件や労働組合との関わりについて、点検するためのものです。
実態調査の実施と合わせて、それぞれの職場で活用してください。

連合
JTUC・RENGO

In practical use

チェックシートの活用にあたって

このチェックシートの項目は、法律で定められているものから、「連合としてここまでは達成したい」という内容まで幅があります。それぞれの職場で各項目をチェックし、段階的な取り組みの計画・実行に役立てて下さい。

◆取り組みの手順

1. 法律事項を点検
「内容」の　の部分は法律事項です。「○×」の欄でチェックしましょう。

2. パート労働者の処遇を点検
実態の確認、フルタイム正社員との比較をしましょう。

3. パート労働者の処遇決定への参加
組織化(組合加入)を促進し、処遇決定への関与・参加を確保しましょう。

4. 人事処遇制度の確立
パート労働者を一括りにする雇用管理区分を見直し、仕事に応じた人事処遇制度を確立しましょう。

◆「根拠規定等」は以下のとおりです。

労基法	… 労働基準法
パート法	… 短時間労働者の雇用管理の改善等に関する法律
安衛法	… 労働安全衛生法
育介法	… 育児介護休業法
指針	… パート法指針
ものさし研	…「パートタイム労働に係る雇用管理研究会報告」
パート研	…「パートタイム労働研究会報告」
連合	…「均等待遇の判断基準と実践の方法」
事例集	… パート組織化事例集

※　の部分は連合ホームページに掲載しています。
http://www.jtuc-rengo.or.jp

パートタイム労働者の均等待遇に向けて

処遇の点検や改善に取り組むときの、具体的な基準は下のとおりです。

◆賃金は？

賃金制度がある企業・事業所の場合

①初任賃金（勤続ゼロ年）を同じにします。
②賃金制度を同じにして、時間比例を原則とします。

賃金制度がない企業・事業所の場合

①賃金制度をつくります。
②初任賃金を、同一・類似の労働の初任賃金にあわせましょう。
③職務・仕事・キャリア・勤続の近いフルタイム（常用）労働者と、その度比較を行い、時間比例に近づけましょう。

◆一時金・退職手当は？
◆同じ労働の場合　→　同じ支給基準に。
◆類似の労働の場合　→　一定割合の支給基準に。

◆賃金の比較・「時間あたり賃金」の算出方法は？
◆賃金の比較は、「時間あたり賃金」で。
◆「時間あたり賃金」の算出方法：月例賃金をベースに算出します。

$$\text{時間あたり賃金} = \frac{\text{月例賃金}}{\text{月間の所定内労働時間}}$$

◆救済制度を
労使で「不服申し立て・苦情処理制度」を設置しましょう。

連合「均等待遇の判断と実践の方法」(2003.2 確認) より

Check!

雇い入れ通知書などの労働条件

■項目	■内容	■根拠規定等	○×
契約内容の明示	◆賃金、労働時間など労働条件を明記した「雇い入れ通知書」が交付されていますか。	労基法15条	
	◆有期契約である場合、有期契約であることおよび契約期間の理由は明示されていますか。	連合	
就業規則 	◆パートタイム労働者用の就業規則がありますか。または、正社員用の就業規則にパートタイム労働者に適用する項目がありますか。(いずれもない場合は、フルタイム正社員と同様の就業規則が適用されることになります)。	労基法89条/93条	
	◆パートタイム労働者用の就業規則の作成・変更について、事業主はパートタイム労働者(パートタイム労働者の過半数代表)の意見聴取をしていますか。	パート法7条(努力義務)	
	◆雇い入れ時に、就業規則に関して、フルタイム正社員と同様の説明(内容、掲示場所)がされていますか。	労基法106条	
休憩時間	◆パートタイム労働者にも、1日の労働時間が6時間超の場合は45分、8時間超の場合は1時間の休憩時間が保障されていますか。	労基法34条	
時間外・休日労働 	◆パートタイム労働者に時間外・休日労働を求める場合、本人の同意が得られていますか。	指針第2の1(3)	
	◆36協定を結ぶ従業員の過半数代表が、従業員数にパートタイム労働者も含めた過半数代表になっていますか。	労基法36条	
	◆法定労働時間を超えた場合、パートタイム労働者にも割増手当が支払われていますか。また、休日・深夜の割増手当が支払われていますか。	労基法37条	
有給休暇	◆労働基準法、または労働協約上の比例付与日数が付与されていますか。	労基法39条	
	◆フルタイム正社員と同様の、未消化有給休暇の積み立て制度がありますか。	事例集	
夏季/年末年始休暇	◆フルタイム正社員と同様の制度が適用されていますか。	連合	
生理休暇	◆フルタイム正社員と同様の生理休暇がありますか。	労基法68条	
産前・産後休暇	◆パートタイム労働者も、産前・産後休暇がとれますか。	労基法65条	
育児・介護休業	◆1歳未満の子を養育する女性のパートタイム労働者は、育児時間(30分×2回/1日)が取得できますか。	労基法67条	
	◆パートタイム労働者も育児休業・介護休業が取得できますか。	育介法2条/5条/11条	
療養などの休職制度	◆病気療養のための休職制度がありますか。	事例集	

■項目	■内容	■根拠規定等	○×
安全衛生 	◆パートタイム労働者も雇い入れ時の健康診断が行われていますか。	安衛法66条/安衛法規則43条/指針第2の1(9)	
	◆パートタイム労働者も1年に1回の定期健康診断が行われていますか。	安衛法66条/安衛法規則44条/指針第2の1(9)	
	◆安全衛生について、パートタイム労働者にもフルタイム正社員と同様の説明・教育が行われていますか。	安衛法59条	
通勤手当	◆パートタイム労働者にも、フルタイム正社員と同様に実費相当分が支払われていますか。	連合	
事業所内の福利厚生施設利用	◆医務室、更衣室、食堂、制服、駐車場など、福利厚生施設の利用について、フルタイム正社員と同様の扱いになっていますか。	指針第2の2(2)	
法定福利	◆適用要件を満たしている場合に、雇用保険が適用されていますか。	雇用保険法	
	◆適用要件を満たしている場合に、健康保険・厚生年金・介護保険が適用されていますか。	健康保険法・厚生年金法等	
その他の福利厚生	◆慶弔休暇など、正社員と同様の制度がありますか。	連合/事例集	
	◆教育費や住宅取得目的の貸し付け等の適用要件が、パートタイムかフルタイムかの違いだけで線引きされていませんか。	連合/事例集	
疑似パート	◆週の所定労働時間がフルタイム正社員とほとんど同じである場合でも、パートタイム労働者という呼称・位置づけで、異なる扱いをしていませんか。	指針第2の3/連合	
契約更新	◆有期労働契約の場合、面接、希望聴取など契約更新の際のルールが確立されていますか。	連合/事例集	
相互転換制度 	◆フルタイム正社員を募集する際に、パートタイム労働者に対して、応募機会を周知し、優先的に応募する機会が与えられていますか。	指針第2の2(6)	
	◆パートタイムからフルタイム正社員へ、有期契約社員から無期契約社員へなど、本人の意欲・能力・適性に応じて、正社員に転換できる制度がありますか。	連合	
	◆パートタイムとフルタイムとの相互転換制度がありますか。	連合	
解雇手続き	◆30日以上前の解雇予告がされていますか。	労基法20条	
	◆退職時に請求すれば、退職証明書が交付されていますか。	労基法22条	
	◆整理解雇の場合、希望退職の募集、労働者に対する説明など、パートタイム労働者に対してフルタイム正社員と同様の手続きが行われていますか。	連合	
短時間雇用管理者	◆10人以上のパートタイム労働者がいる事業所では、「短時間雇用管理者」が選任されていますか?	パート法9条(努力義務)	

Check!

賃金・処遇制度

■項目	■内容	■根拠規定等	○×
初任賃金	**◆賃金が地域別・産業別の最低賃金を下回っていませんか。**	最賃法5条	
	◆すべての従業員に適用する「企業内最低賃金協定」(時間給900円以上)を結んでいますか。	連合	
	◆フルタイム正社員の初任給と同水準となっていますか。	連合／指針第2の1(8)	
一時金 	◆パートタイム労働者にも一時金の制度がありますか。	連合／指針第2の1(8)／ものさし研	
	◆同様の仕事の場合、フルタイム正社員と同じような制度となっていますか。	連合／指針第2の1(8)／ものさし研	
	◆フルタイム正社員と仕事が異なっていても、類似の仕事の場合、フルタイム正社員とバランスがとれる水準となっていますか。	連合／指針第2の1(8)／ものさし研	
退職金	◆パートタイム労働者にも退職金・退職手当の制度がありますか。	連合／指針第2の1(8)／ものさし研	
	◆同様の仕事の場合、フルタイム正社員と同じような制度となっていますか。	連合／指針第2の1(8)／ものさし研	
	◆フルタイム正社員と仕事が異なっていても、類似の仕事の場合、フルタイム正社員とバランスがとれる水準となっていますか。	連合／指針第2の1(8)／ものさし研	
賃金・処遇制度 	◆処遇差の「合理的理由」がある場合を除いて、同様の賃金制度となっていますか。	連合	
	◆「合理的理由」により、賃金・処遇制度に違いがある場合、その違いの内容や理由について、パートタイム労働者に説明がされていますか。	連合／パート研	
	◆「合理的理由」による賃金・処遇制度の違いは、フルタイム正社員・パートタイム労働者双方にとって納得できるものになっていますか。	連合	
昇進・配置・異動	◆職能評価制度など、フルタイム正社員と同様の制度・ルールがありますか。	連合／パート研	
	◆配置・異動について、フルタイム正社員と同様に本人からの希望聴取や面接・評価などのしくみがありますか。	連合／パート研	

Check!

労働組合の関わり

■項目	■内容	■根拠規定等	○×
処遇決定への参画 	**◆パートタイム労働者が組合員の場合** 賃金改定の要求づくり、労働協約の締結・見直し、就業規則改定等など、パートタイム労働者が処遇決定に参画していますか。 (参画の方法は、パートタイム労働者との職場討議、職場委員等への選出、執行機関への参画、団体交渉・労使協議への参加等)	連合／事例集	
	◆パートタイム労働者が組合員でない場合 組織化するための取り組みをしていますか。 パートタイム労働者の実態・要望を踏まえて、パートタイム労働者の処遇に関する事項(賃金改定、処遇制度、福利厚生、就業規則等)を労使協議事項としていますか。(実態・要望を踏まえる方法は、パートタイム労働者に対するアンケート、相談活動、対話集会の開催等)	連合	
苦情処理制度	◆処遇の差についての苦情を処理し救済をはかるための、不服申し立て・苦情処理制度(構成には、パートタイム労働者も含む)がありますか。	連合	
	◆不服申し立て制度・苦情処理制度は、上手く活用されていますか。	連合	
労使協議	◆パートタイム労働者の雇い入れは、労使協議での報告・協議事項となっていますか。	連合	
	◆パートタイム労働者の雇い入れにあたって、人数、配属先、仕事内容、期間、時間管理等について、労使協議の場での報告・協議事項となっていますか。	連合	
組合規約	◆組合規約では、パートタイム労働者も加入できる組合員の範囲となっていますか。	連合	

各構成組織 書記長・事務局長
各地方連合会　事務局長　様

2004年６月11日

日本労働組合総連合会
事務局長　　草　野　忠　義

民主党「パート労働者の均等待遇確保法案」国会提出に関する談話

1．連合をはじめ、多くのパート労働者が待ちに待っていたパート労働者の均等待遇を確保する法律、「短時間労働者と通常労働者との均等な待遇の確保等に関する法律案」を民主党が本日、衆議院に提出した。民主党案は、現行法に対し、事業主の短時間労働を理由とする差別的取り扱いを禁止し、労働者の権利確保を明確にしたものであり、連合は民主党案を積極的に支持する。

2．連合は、2001年の第７回定期大会で「パート・有期契約労働法案要綱骨子」を決め、政府や各党にその実現を求めてきた。連合案は、パート労働者の均等待遇と雇用安定を確保するために、「所定労働時間が短いこと」又は「労働契約に期間の定定めがあること」をセットにして、これを理由とした差別的取扱いを禁止している。民主党案において、有期契約労働者は対象となっていないが、連合は今回の法案を第一歩として、有期契約問題については他の法改正を含め、引き続き幅広い検討を求めていく。

3．パート労働者、臨時・非常勤労働者、派遣労働者等、いわゆる非典型労働者は、官民を問わずあらゆる分野で増加している。連合は、それぞれの職場での非典型労働者の労働組合への加入促進と処遇改善を進めている。この運動が民主党案を国会で通す大きな力となるよう、さらに取り組みを強化する。

4．パート労働者の均等待遇確保は、パート労働者の賃金、労働条件等処遇改善につながるだけではなく、少子高齢社会の急速な進展の中で、税・年金等社会保障制度の社会基盤の安定にも大きく寄与する。連合は、民主党案の実現につなげるためにも、間近に迫った参議院選挙において、民主党と連合推薦候補の勝利に全力をあげる。

以　上

短時間労働者の雇用管理の改善等に関する法律の一部を改正する法律案要綱（民主党）

第１　題名

題名を、「短時間労働者と通常の労働者との均等な待遇の確保等に関する法律」に改めるものとすること。

第２　目的（第１条関係）

目的に、短時間労働者について、通常の労働者との均等な待遇の確保に関する措置を講ずる旨を追加するものとすること。

第３　事業主の責務（第３条第１項関係）

事業主は、その雇用する短時間労働者について、通常の労働者との均等な待遇の確保（同様の労働に対しては同等の待遇を確保すべきとの観点から、短時間労働者の就業の実態に応じ、賃金の支払い等につき、通常の労働者とできる限り同等の待遇を確保することをいう。）並びに適正な労働条件の確保及び教育訓練の実施、福利厚生の充実その他の雇用管理の改善（以下「均等待遇の確保等」という。）を図るために必要な措置を講ずることにより、当該短時間労働者がその有する能力を有効に発揮することができるように努めるものとすること。

第４　差別的取扱いの禁止（第５条の２関係）

事業主は、賃金その他の労働条件について、労働者が短時間労働者であることを理由として、通常の労働者と差別的取扱いをしてはならないものとすること。

第５　労働条件に関する文書の交付（第６条関係）

事業主は、短時間労働者を雇い入れたときは、速やかに、当該短時間労働者に対して、労働時間その他の労働条件に関する事項を明らかにした文書を交付しなければならないものとすること。

第６　所定労働時間を超える労働及び所定労働日以外の日の労働の制限（第６条の２関係）

一　事業主は、短時間労働者に、所定労働時間を超えて労働させ、又は所定労働日以外の日に労働させてはならないものとすること。

二　事業主は、当該事業所に、短時間労働者の過半数で組織する労働組合がある場合においてはその労働組合、短時間労働者の過半数で組織する労働組合がない場合においては短時間労働者の過半数を代表する者との書面による協定をし、これを厚生労働大臣に届け出た場合においては、一にかかわらず、その協定で定めるところによって、短時間労働者に、所定労働時間を超え、労働基準法に定める法定労働時間を超えない範囲内において労働させ、又は所定労働日以外の日であって同法の休日でない日に労働させることができるものとすること。

第７　就業規則の作成の手続（第７条関係）

一　常時10人以上の労働者を雇用する事業主は、短時間労働者に係る事項について就業規則を作成し、又は変更しようとするときは、当該事業所において雇用する短時間労働者の過半数を代表するものとして厚生労働省令で定めるものの意見を聴かなければならないものとすること。

二　一の事業主は、短時間労働者に係る事項について作成し、又は変更した就業規則を届け出るときは、一の意見を記した書面を添付しなければならないものとすること。

三　一の事業主以外の事業主は、短時間労働者に係る事項について就業規則を作成し、又は変更しようとするときは、一の厚生労働省令で定めるものの意見を聴くように努めるものとすること。

第８　通常の労働者への応募の機会の付与等（第７条の２関係）

事業主は、通常の労働者を募集し、又は採用しようとするときは、現に雇用する同種の業務に従事する短時間労働者であって通常の労働者として雇用されることを希望するものに対し、応募の機会を優先的に与える等の措置を講ずるよう努めなければならないものとすること。

第９　指針（第８条第１項関係）

厚生労働大臣は、第４から第８までに基づき事業主が講ずべき措置その他の第３の事業主が講ずべき均等待遇の確保等のための措置に関し、その適切かつ有効な実施を図るために必要な指針を定めるものとすること。

第10　苦情の自主的解決（第９条の２関係）

事業主は、第三の事業主が講ずべき均等待遇の確保等のための措置に関し、短時間労働者から苦情の申出を受けたときは、苦情処理機関（事業主を代表する者及び当該事業所の労働者を代表する者を構成員とする当該事業所の労働者の苦情を処理するための機関をいう。）に対し当該苦情の処理をゆだねる等その自主的な解決を図るように努めなければならないものとすること。

第11　施行期日等

一　施行期日（附則第１条関係）

この法律は、平成17年４月１日から施行するものとすること。ただし、二の規定は、公布の日から施行するものとすること。

二　検討（附則第３条関係）

1　政府は、多くの短時間労働者が厚生年金保険、健康保険及び雇用保険の被保険者となることを認められていない現状を踏まえ、年金制度、医療保険制度及び雇用保険制度の在り方について、速やかに検討を加え、その結果に基づいて必要な措置を講ずるものとすること。

2　政府は、短時間労働者をはじめとする労働者の所定労働時間を超える労働及び所定労働日以外の日の労働に係る割増賃金制度の導入に関し、速やかに検討を加え、その結果に基づいて必要な措置を講ずるものとすること。

三　その他

その他所要の規定を整備するものとすること。・短時間労働者の雇用管理の改善等に関する法律の一部を改正する法律案・短時間労働者の雇用管理の改善等に関する法律の一部を改正する法律案新旧対照表

パートタイム労働法の指針について（民主党）

2004年５月28日

1．はじめに

○　職務概念が社会的に確立しているヨーロッパ諸国では、職務に賃金がリンクしている分野が多い。その意味では、同一労働同一賃金原則の前提条件が満たされている。従って、一般的にはフルタイマーでもパートタイマーでも同一労働同一賃金原則が貫かれている。

○　他方、我が国においては、同じ仕事をしていても、年齢、勤続年数、扶養家族、残業・配転・転勤などの拘束性、職務遂行能力、成果などの違いにより、処遇が大きく異なる。それは正社員とパート間だけでなく、正社員間でしばしばみられるのが特徴。それが、パートタイマーの均等処遇の実現の壁になっている。

○賃金処遇制度に対する考え方は大きく変化しつつあり、賃金決定についても、年齢・勤続年数から職務遂行能力、実績、成果へとシフトしているが、職務による評価に収斂しているとはいいがたい。

○こうした状況で、何が合理的な理由となるかについての判断基準は、それぞれの事例を積み上げて考え方を示していくことが必要。その過程で、労使代表による検討を重ね、社会的なコンセンサスを得ていくことが最も大切だと考える。

○　従って、ここでは、基本的な考え方を示し、合理的な理由と考えられる事項については最小限に限定して例示した。合理的な理由とならない事項やどちらと判断しがたい事項について、あらかじめ規定してしまうことで労使交渉を縛ることになりかねないからである。

2．ガイドライン案について

(1)　基本的な考え方

○　パートタイム労働者が通常労働者との均等な待遇を確保するということは、同一労働同一賃金の原則にのっとり処遇されること。同じ仕事や働き方であれば、同じ賃金とすること。

○　パートタイム労働者にも労働基準法、労働安全衛生法、労災保険法、男女雇用機会均等法、育児・介護休業法、雇用保険法などの労働者保護法令はすべて適用されること。

○　同じ仕事や働き方でない場合でも、仕事や職務遂行能力に見合った公正な処遇や労働条件を考えること。（均衡処遇）

○　所定労働時間が通常の労働者とほとんど同じで、同様の就業実態にあるパートタイム労働者については、通常の労働者と同様の処遇を行うこと。

○　パートの均等待遇確保するためにも、常用フルタイムの正社員の働き方や処遇のあり方を含めて、総合的に雇用管理を見直すこと。従来の仕事一辺倒の働き方から、ワークライフバランスを図ることができるような労働条件全体をみなおすこと。

(2)　合理的な理由と考えられる事項について

○　パートと正社員の間で仕事内容（職務）がまったく異なり、働き方も全く異なっている場合。

○　パートと正社員の間で仕事内容は同じだが、正社員のみに業務上の必要性による配転や広域の転勤等があり、より拘束性が強い場合に、正社員に職能給、パートに職務給のみと異なった賃金決定方式が採用されいる場合。

この場合でも、正社員の一部に職場限定の社員がいるときは、均等（均衡）処遇する必要があると考えられる。

○　パートと正社員の間で仕事内容は同じだが、正社員には企業の販売利益目標を課し、パートタイム労働者にはそれらの責任を課していないなど責任の度合いが大きく異なる場合。

＊ この場合でも、正社員と利益目標とは異なるがパートにも何らかの販売目標を課している場合には、均等（均衡）処遇する必要があると考えられる。

○　パートと正社員の間で仕事内容は同じだが、正社員の賃金決定の重要な要素として勤続年数が大きなウェートを占めている場合であって、正社員とパートの間で勤続年数に大きな差がある場合。

○　パートと正社員の間で仕事内容は同じだが、正社員には職務にかかわる資格・免許をもつことが条件となっており、パートにはその条件がない場合。

○　パートと正社員の間で仕事内容は同じで、成果や業績によって賃金が決定する場合であって、正社員とパートの間で成果や業務に大きな差がある場合。

季刊『女も男も』臨時増刊

未来《あす》を拓く均等待遇

季刊「女も男も」編集委員会編

責任編集

林　誠子
池田芳江

編集委員

星野安三郎（東京学芸大学・立正大学名誉教授）
酒井はるみ（茨城大学教授）
宮　淑子（ジャーナリスト）
池田芳江（日本教育会館館長）
原田瑠美子（東横学園中・高校教諭）
林　誠子（日本労働組合総連合会副事務局長）
星　恵子（日本教職員組合女性部長）

編集協力

稲垣光江（都立高校教諭）
中島圭子（自治労政策局次長）
豊田正義（ノンフィクションライター）
吉原喜久江（日教組副委員長）
千田有紀（東京外国語大学助教授）
野中文江（三冬社）

発行日／2005年1月21日　初版第1刷発行
発行所／㈱労働教育センター
発行人／南　節子
〒101-0003 東京都千代田区一ツ橋2-6-2 日本教育会館
電話／03（3288）3322
振替／00110-2-125488

デザイン／M2 Company・印刷／太陽印刷株式会社
ISBN4-8450-0489-5　C5037Y1500E